10歳若返る インナーの魔法！

アコンサルタント
すずまともこ

さくら舎

ワコール「－5歳のくびれパンツ」(セミハイウエスト)

トリンプ「ワンダーメイク421」ブラジャー

トリンプ「天使のブラ スリムライン432」
ブラジャー

グンゼ「キレイラボ」軽くて、すっきりノンワイヤーブラジャー

ワコール「スハダ」
3/4カップブラ

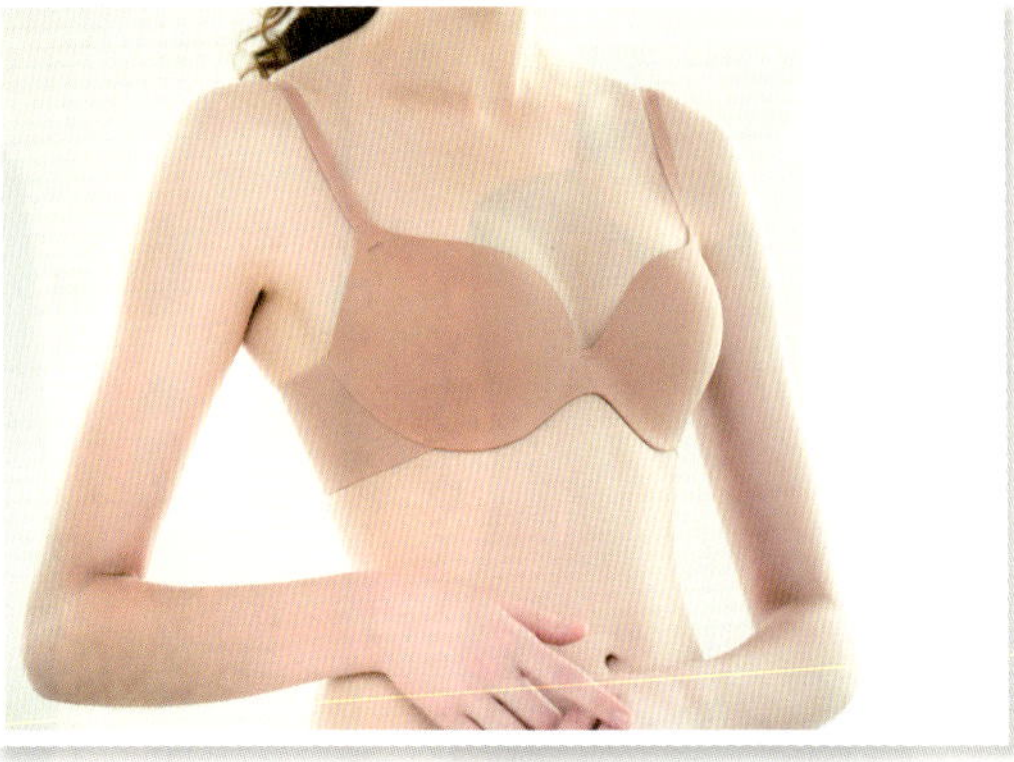

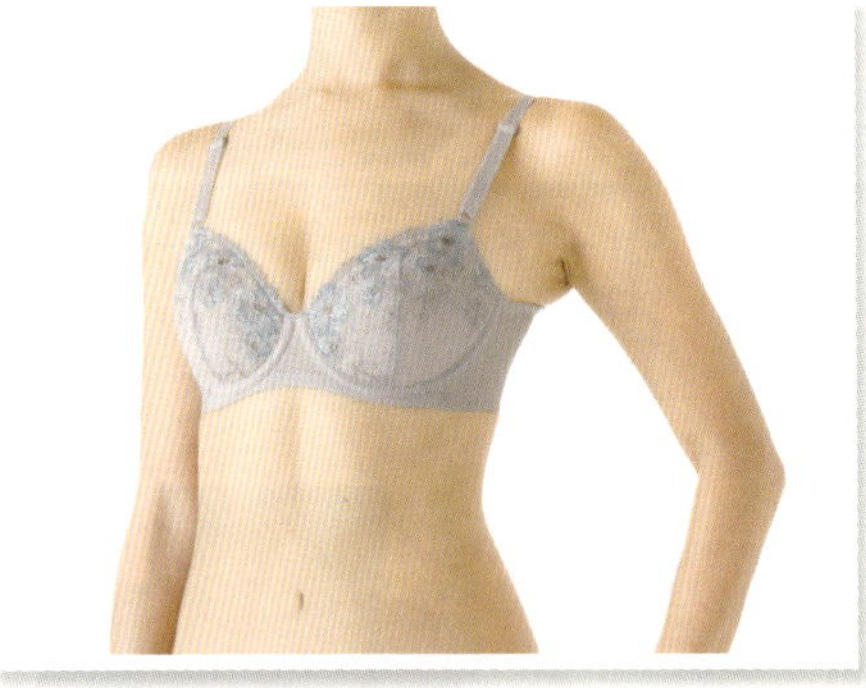

グンゼ「キレイラボ」肌側綿100%
やわらか樹脂ワイヤーブラジャー

トリンプ
「スピードシェイパー 298」
ロングガードル

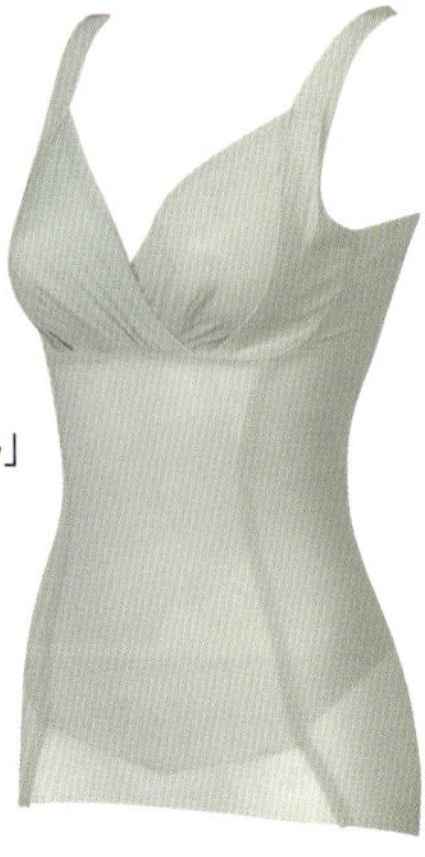

ワコール
「ラゼ スキニーベール」
ボディシェイパー

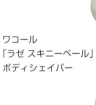

です。

でも、自分に合ったインナーに替えることでそのお悩みが解消される方も多く、満足できるインナーに出会ったときには本当にうれしそうな表情をしていただけます。そんなときにはわたし自身もとてもうれしく、と同時に、女性を輝かせるインナーの力に感心したものです。

10年ほど前に勤めを辞め、フリーのインナーウエアコンサルタントとして独立しました。それを機に、さまざまなメーカーのインナーを勉強しはじめました。日本のインナーばかりでなく、世界のインナーも勉強したくて、パリのランジェリー展にも出向きます。

世界が一気に広がりました。

インナーにどんな価値を求めるかは、メーカーによって、文化によって大きく違います。そのことにとても驚くとともに、いままでの知識、経験をより深めることができました。

いまはすごいスピードでさまざまなインナーが開発されています。とくに素材の技術革新は目覚ましく、数年前には考えられなかった快適なインナーが数多く登場しています。

けれど、これだけすばらしいインナーがたくさんあるのに、女性たちのお悩みが解決されているとは思えません。なぜでしょう？

それは、女性たち自身がインナーの基本的な選び方や効果的な着け方を知らないからではないかと思えるのです。お悩みは人それぞれ違うので、自分に合ったインナーをたくさんの種類から探すこともむずかしいでしょう。

そこで、30年近くインナーにたずさわってきたこれまでの経験のなかから、女性のお悩みを解決できるようなインナーのガイドブックを書こうと思いました。ムリなくきれいなスタイルになれて、体も心も若返るインナーや、着心地だけでなく、デザインにも優れたおしゃれなインナーもいろいろあります。

この本を読んで基本的なインナーの選び方・着け方を覚えていただければ、お店でお気に入りのインナーを自分で探すことができ、毎日を気持ちよく送ることができることでしょう。

一人でも多くの女性が、満足できる素敵なインナーに出会えれば、とてもうれしく思います。


インナーウエアコンサルタント　おぬまともこ

第2章　補整インナーでなめらかボディメイク

「こんなものかしら」とあきらめてしまわないで！
インナーでもっと素敵に、もっと快適に　44
女性はみんなインナーに悩んでいる
20～30代の下着が合わなくなってきた　45
年齢とともに変わっていく体
すべての部分がふくよかに　49
バストの変化――左右に広がりながら下垂　50
ヒップの変化――「桃尻」から「ピーマン尻」へ　53
ウエストの変化――スカートがずり落ちることも　54

だれでも使えるファンデーションの魔法

ファンデーションの基本とは　55
ブラジャーの役割――バストラインをきれいにする　56
ガードルの役割――お腹押さえとヒップアップ　57
ボディスーツの役割――なめらかなボディラインをつくる　59

体型の変化に合わせたインナープランニング

基本はブラ＋ロングガードル＋ボディシェイパー　60

エイジレスな体をラクに手に入れるおすすめインナー

お店でぴったりの商品を探すのはむずかしい　62
着け心地がラクなソフトタイプブラジャー　64
バストラインがきれいな3／4カップブラジャー　66
安定感抜群のフルカップブラジャー　68
後ろ姿スッキリのロングガードル　69

お悩み対応インナーで素敵にボディメイク

バスト（カップ）が大きい　71
バスト（アンダー）が大きい　74
バストが小さい　74
バストの下垂　76
バストの横広がり　78
猫背　78
お腹がぽっこり　79
ウエストが太い　80
ヒップの下垂　81
ヒップが大きい　82
太ももが太い　83

第3章 健康インナーでおしゃれに快適生活

つらい不調はインナーでリカバーできる

悩ましい更年期症状 86
ちょっとしたすき間も気になる冷え 87
のぼせ・ほてりで汗トラブル 88
50代から増える肌トラブル 89
困りものの尿トラブル 90

体の健康を守ってくれるアンダーウエア

身に着けるもので体調は変わる 91
ショーツの役割――体をきれいに保つ 92
肌着の役割――保温して冷えを防ぐ 93
夏の肌着の役割――汗とりで涼しくさらさらに 95

不調改善のためのインナープランニング
高機能インナーもいろいろ　97
不調知らずの健康ボディをつくるおすすめインナー
冷え対策にはあたたか保温インナー　100
汗対策には涼インナー　102
肌ケアには縫い目フリー＆化粧品インナー　103
天然素材はおすすめか？　105

第4章　正しい選び方・着け方できれいにスタイルアップ！

ボディサイズを測り直しましょう
3キロ変わればブラは合わなくなる　108
トップ、アンダー、ウエスト、ヒップを測る　109

ブラのカップはトップとアンダーの差で決まる　110
アンダーとカップはたすき掛けの関係　112
サイズが同じでもブラは違う？　113

きれいな胸をつくるブラジャーの選び方

2～3枚試着してフィット感をくらべる　114
バストをブラの中に「落としこむ」　115
「体に合っているか」を3点チェック　118
インナー選びはフィッティングが命　119

ぐんとバストアップする効果的な着け方

着け方次第で3センチは変わる!?　121
バージスラインに合わせる　122
アンダーベルトを引き下げる　123
バストをちゃんとカップに入れる　124

ストラップの調整を忘れずに　125

パッドを使ってバストをもっと美しく

カップのすき間に、きれいな形に　126
バストの大きさが左右で違うとき　127
バストトップが気になるとき　128
カップのシワが気になるとき　128

美ヒップをつくるガードルの選び方・はき方

ヒップサイズに合わせればきつくない　129
後ろにずり下がるならワンサイズ上にする　131

ボディラインがきれいになるボディスーツの選び方・着け方

ボディスーツ選びはむずかしい！　134
大きめサイズのほうがフィットする　136

「前上がり、後ろ下がり」に着ける　138

ラクラク補整できるボディシェイパーの選び方・着け方
身長に関係なくフィットさせやすい　140
ボディシェイパーとロングガードルの合わせ技　142

素敵なインナーをどこで見つけますか
お店と通販をうまく使い分ける　143
スーパー——買いやすい価格帯、ＰＢ商品も充実　144
専門店——知識やフィッティング技術はまちまち　146
百貨店——購入できるメーカーは決まっている　148
ファストファッション——基本はＭ・Ｌ・ＬＬサイズ商品　150
ネット通販・テレビショッピング——試着せずに買える商品のみ　151

お気に入りインナーを長持ちさせる方法
ブラジャーにやさしい洗い方・干し方 153
見た目もきれいなゆったり収納 155
いつ、どうやって捨てればいいの？ 156

第5章 大人の女性を輝かせるインナー活用術

大人の女性がめざす「きれいな体型」とは
着ていてラクなインナーがいい 160
ほしいのは「メリハリ」ではなく「なめらかさ」 161
弱くなった筋肉をやさしくサポート
インナーのラインが目立たないものを選ぶ 163
腰痛にはインナーの適度な「圧」が効く 165
背中をまっすぐにしてくれるボディスーツ 166

ボディラインをつくってくれる優秀な冬の肌着
モコモコより体にフィットする素材を 169
あたたかくておしゃれなボディブリファー 172

ランジェリーは心に着けるアクセサリー
女性の心を満たしてくれるランジェリー 174
年齢を重ねた美しさを引き出すもの 176
さりげなく実用的な機能もうれしい 178
ふとした瞬間に立ち上る「品」と「色気」 180

大人の女性の体と心に寄り添うインナー
着心地も価格もデザインも満足したい！ 181
グンゼ「キレイラボ」 182
「サードウェーブ・ブラ」（トリンプ、ワコール、グンゼ） 184

トリンプ「スロギー」ショーツ　186
B.V.D.「しっかりサポート」スポーツブラ　187
ユニクロ「ブラトップ」スーピマコットン　188
ワコール「デイト」ブラジャー　189
ワコール「ラゼ」ボディシェイパー　190
ひそやかな魅力を楽しむ　192

10歳若返るインナーの魔法！

第1章

きれいの第一歩は
インナーの見直しから

細いストラップのせいで肩にへこみ！

小さすぎるカップのブラジャーを着けていると、バストの形だけではなく、肩にも影響が出ます。

年齢を重ねたバストはほとんどが脂肪でできているので、意外に重いものなのです。その重さを支えているのがブラジャーのストラップ。そして、サイズの小さいブラジャーはストラップも細いものが多くなります。

支えきれない重みが細いストラップに集中的にかかっている状態がつづくと、**肩にへこみができてしまうことも少なくありません。**

いつも同じ場所にストラップが食いこむので痛いし、肩もこります。ストラップをずらそうとしても、へこみがひもの入る定位置（！）になってしまっているので、体を動かすと元の位置に戻ってしまうのです。

こうなると、ブラジャーを着けるのは苦行《くぎょう》のようになってしまうでしょう。

きついアンダーで背中にハミ肉の段々！

ブラジャーのサイズはカップが合っていればいいと思っている方も多いのですが、アンダーサイズをきちんと合わせることも同じくらい重要です。

ラクなほうがいいからと、**ゆるめのアンダーサイズを選んで後ろがずり上がっている方**をときどき見かけます。後ろがずり上がると、前が下がり、せっかくブラジャーを着けていてもバストアップして見えません。

また、逆に**きつめのアンダーサイズを着けて、**背中に食いこんでいる方も多いものです。そうなると、**背中にハミ肉の段々ができてしまい、**かえって太く見えてしまいます。

小さすぎるガードルでヒップダウン！

サイズをきちんと合わせるという意識がブラジャーよりも低いのが、ガードルではないでしょうか。「ガードルはきついから嫌い」という方も多いのですが、それはサイズが合っていないものを着用していたせいかもしれません。

もともと日常的にガードルをはいている方はスタイルアップの意識が高いのですが、**合っていないガードルは、スタイルを崩すことになりかねない**ので要注意です。

きついガードルはヒップを押さえるというより、むしろ押しつぶしてしまうため、かえってヒップダウンの原因になってしまうのです。

また、ヒップの位置が下がってしまうと、後ろ姿で**足が短く見えてしまいます。**

年齢とともにヒップは下垂するものですが、それを少しでも食い止めようとしてはいているはずのガードルでますます下垂させているとしたら、ショックですよね。

ガードルをはいたのに二段腹！

ヒップアップよりもお腹《なか》を押さえるためにガードルを着用している方は、どうしてもきつめのサイズを選んでいるようです。

たしかに下腹部は押さえられていますが、**座ったとたんに二段腹になる方も。**ガードルの中に入りきらなかったウエストの脂肪が、上にはみ出した状態です。

きちんと体に合ったガードルなら、こんなことにはならないのですが……。

小さすぎるボディスーツで胴長に！

50代以上の方のなかには、ウエストまわりのお肉を気にしてボディスーツの着用が習慣になっている方もいるでしょう。1枚でボディ全体をサポートしてくれるのですからこんなに便利な下着はありませんが、バスト、ウエスト、ヒップ、そして、身丈《みたけ》が合ったサイズを見つけるのはなかなかむずかしいのです。

以前、かなり美容に気を使っている60代の女性に、インナーのフィッティング（採寸・試着のアドバイス）をしたことがあります。

毎日ボディスーツを着けて、ボディラインに下着の跡《あと》をつけないようにしているというお話でした。でも、ウエストのくびれがかなり下の位置に固定され、バストの位置もかなり下がっていました。

ボディスーツが小さすぎて、全体に下に引っ張られていたのです。

たしかにお腹はサポートされているのですが、ウエスト位置が下がるとアウターのベルトの位置も下がるので、胴長《どうなが》に見えてスタイルアップしていないのです。おしゃれな方だけに残念な印象でした。

ボディスーツでかえってウエストが太く！

ふだん下着はブラジャーとショーツのみという50代の女性が、ボディスーツを試着してもう一度スカートをはいたところ、「ホックがとまらなくなった！」と驚かれたことがありました。ご本人はスタイルがよくなると思って着けたのに、かえってウエストが太くなってしまったと、ちょっと気分を害されたようです。

それまでは、スカートのベルトをウエストのやわらかいお肉の上でギュウギュウ締めつけて、無理にホックをとめていたようなのです。ベルトがウエストの段々に食いこんだ状態でスカートをはいていたのですね。

ボディスーツのおかげで段々はなくなったのですが、そのためにベルトを食いこませることができなくなり、ホックがとまらなくなった、という予想外の展開になったわけです。

この方の場合は結局、スカートのウエストサイズは上がりましたが、見た目にはボディラインがなめらかになり、細くスッキリ見えるようになりました。

このように、スタイルアップしようとして着けているインナーでも、サイズ選びや着け方を間違うと逆効果になりかねません。

一方、インナーを上手に使えば、体型をスッキリきれいに見せることもできます。自分に合ったインナーを選ぶということは、本当に大切なことなのです。

思い当たることがあったらインナーの見直しどき

じつは、インナーの失敗談は、20代や30代よりも50代以降の方からうかがうことが多いのです。それは、年齢とともに体型や体質が変化して、それまでのインナーが合わなくなってきたからだと思います。

ブラのカップサイズはずっと同じ?

メジャーで測ったバストまわりが若いころと同じ数字でも、**カップサイズが同じとはかぎりません。**若いころは胸もとにパンとしたハリがありますが、それが年齢とともになくなって、ペタンとしてくるのです。

そうなると、トップバストとアンダーバストの寸法が変わらなくても、**以前と同じブラジャーのサイズでは、カップ上辺にすき間ができてパカパカしてしまいます。**

すき間があると、カップが余ってシワが寄りやすくなるので、カップサイズを1つ小さくしたほうがきれいですし、バストも安定します。

また、**バストは下垂と同時に左右に広がります。**気づかないうちに横広がりしているバストは、中央に寄せたほうがきれいでしょう。

ショーツはいつも小さめ愛用？

ショーツはヒップを丸く包みこむ形が理想ですが、ヒップは年齢とともに下垂して縦長になります。20代のころは「桃尻」といわれる横長のきれいなヒップですが、**50代あたりになると「ピーマン尻」、つまり縦長のヒップになってしまうのです。**これもバストと同様に、脂肪が下垂して起こる現象です。

若いころにはいていたショーツの形では、ヒップをしっかり包みこむことができなくなるわけですね。下垂したヒップで着けると、下辺に脂肪がはみ出してしまいます。**ヒップ全体を包みこむには、より広い生地《きじ》が必要です。**

キュッと上がったヒップであれば、下のほうがちょっと出ていてもかわいいものかもしれませんが、50代のヒップに20代のショーツでは縦長傾向がさらに進んでしまいます。

ガードルとスカートは同じサイズ？

ガードルのサイズはヒップとウエストサイズで決まりますが、年齢を重ねると、脂肪のつく場所が変わってきます。**ヒップよりもウエストまわりにつくようになるので**、20代と同じサイズのガードルでは、**ウエストの脂肪がはみ出して二段腹になってしまう**のです。

また、ガードルのサイズ表示をスカートのサイズ表示と同じだと思っている方も多いでしょう。たとえば、スカートのウエストが65サイズであれば、ガードルは「64サイズで大丈夫」と考えて選んでいないでしょうか？

あとでもう少しくわしくお話ししますが、**インナーサイズの基準はアウターとは違います**。体型にもよりますが、スカートサイズが65の方ならガードルは70サイズか、もしかしたら76サイズになるかもしれません。

商品タグがチクチクする？

体型だけでなく体質が変わってくるのも、40代から50代では気になるところです。それまでは平気だった化繊《かせん》（化学繊維）がかゆくなったり、下着についているタグや縫い目がチクチク、ムズムズしたり、金具がひんやり感じられたりと、**下着の「肌あたり」が何かと気になってくる**のです。

年齢を重ねると、身長や体重が変わらなくても、体は変わるということです。体にいつも密着している下着を通して、女性は体の変化を敏感に感じとっているのでしょう。

4つのインナー効果で若々しくきれいに！

いま着けているインナーがなんとなく「着心地が悪い」と感じたら、思いきって選び直しましょう。インナーを替えるだけでさまざまな効果が期待できます。

「ボディメイク効果」「健康リセット効果」「肌トラブル改善効果」「肌ストレス解消効果」「気分リフレッシュ効果」――。やってみる価値はあると思いませんか？

では、それらのうれしい効果をくわしくお話ししていきましょう。

「ボディメイク効果」ですっきりスタイルアップ

インナーの「ボディメイク効果」でパパッと体型をつくり替えて、スタイルアップしましょう。

では、どんな下着を選べばボディメイクできるのでしょうか？　いちばんの近道は「サイズがきちんと合った下着を着ける」ことです。

「なんだ、そんな簡単なこと？」という声が聞こえてきそうですね。でも、自分に合ったサイズの下着を着けている方は意外に少ないのです。数年前にお店でブラジャーのサイズを測ってもらって以来、そのサイズを買いつづけている方も多いのではないでしょうか？

サイズが合う下着を着けることによって、体型を整える（人によっては変える！）ことができます。

「ボディメイク効果」のためには「正しく下着を着ける」ことも大切です。

ブラジャーを例にあげると、アンダーベルトの位置が上がりすぎていたり、下がりすぎていたり、人によってはよれていたり、ねじれていたり……。意外に多く見かけるものです。

これらを見直すだけでも、バストアップや胸もと引き締めなどかなりの「ボディメイク効果」は期待できます。

自分のサイズの見つけ方、正しい下着の着け方については、のちほどお話ししますね。

「健康リセット効果」であたため美人

素敵な下着でより健康になれたらうれしいですよね。インナーにはそういう「健康リセット効果」もあるのです。

冷え性の女性が増えている現代、健康に関してインナーに求めることは、まず「保温」ではないでしょうか。

インナーは肌に密着しているので、体温であたためられた空気を外に逃がしにくく、アウターの重ね着よりもあたたかく感じることができます。

とくに女性はお腹や腰まわりをあたためましょう。そうすることによって女性特有のお悩みの多くは予防できるのです。頭痛、生理痛、トイレが近いなど、冷えが原因とわからなくて、つい薬を飲んで対処していませんか？

わたしもインナーの仕事をはじめたころ、頭痛がひどかったのですが、それが冷えからくるものだとわかっていませんでした。

でも、さまざまなインナーを試着しているうちに、スカートの中にボトム（ショーツの上に重ねてはくパンツ）を1枚はくと、びっくりするほどすぐにラクになったのです。昔から「女の子はお尻を冷やさないように」といわれますが、まさに効果てきめんでした。

夏の冷房対策としてもボトムは役に立ちます。オフィスではクールビズが進んでいますが、まだまだ冷えすぎの場所も多く、冷え性の女性はつらい思いをすることがよくあります。そんなとき、ボトムを上手に利用すると、毎日が快適に過ごせます。

また、冬場に冷えて血行が悪くなると、肩こりになりやすいようです。寒いと肩に力が入ってしまうからでしょう。**袖つきの長袖インナーで肩から背中をあたためることで肩こりを改善できます。**新素材を使った「薄くて・軽くて・あたたかい」インナーもたくさんあります。

肩こりがあって、「腕の上げ下げがしにくい」「突っ張る、引っ張られる感じがする」なら、**袖ぐりや肩幅がゆったりしているインナーに替えると、肩がかなり軽くなります。**

若いころは平気でも、年齢を重ねるにつれてちょっとしたことが気になったり、窮屈《きゅうくつ》に感じられたりするものです。無理をせず、ラクなものに替えるだけで健康になれます。

「肌トラブル改善効果」でしっとり美肌

インナーは直接肌に密着するものなので、肌そのものへの影響も大きいのです。「肌トラブル改善効果」はまさに実感できるところです。

夏は汗を吸って速乾性のある肌着を着る方が多いと思います。まさしく夏の肌着はそのための素材でできています。汗といっしょに汚れや皮脂などもとり除いてくれるので、背中のべたつきや吹き出物が抑えられるのです。着るだけで、肌をきれいにする効果があるということですね。

そして、汗を吸って体温を快適な状態に調整してくれるので、夏のインナーは「着ていたほうが涼しい」のです。

冬はカサカサの乾燥肌に悩まされる方もいます。肌が敏感になっている状態なので、肌への刺激がないように工夫されている肌着を選びましょう。

最近は素材が進化して、機能性の高いインナーがたくさんあります。更年期の不調に対応した商品も次々と登場していますよ。

「肌ストレス解消効果」で着心地リラックス

「肌ストレス」という言葉を聞いたことがあるでしょうか。肌に触れる感覚が不快なことで起きるストレスです。

肌着を着ずにブラジャーの上に化繊のアウターを着ると、なんとなくカサカサ、ゴワゴワして嫌な感じがしますね。これはふだん、肌着を着る方の感覚だと思いますが、肌着を着ない方でも、自覚はなくとも「肌ストレス」を感じているらしいのです。

肌ストレスを感じていると、リラックスすることができず、思考力にも影響が出てくるとか。

以前、新聞に「肌着を着ている子どもと着ていない子どものテストの結果に違いが見られた」という記事が載っていました。その調査の一部で、新しくて肌ざわりのよい肌着か、着古してゴワゴワした肌着かでも、テストの結果に違いがあったのだそうです。驚きですよね。

子どもは肌ざわりにはわりと鈍感なものですが、それでも体や思考はその違いに影響を受けるようです。

そう考えると、**年齢を重ねて敏感になった肌は、もっと「肌ストレス」にさらされているということですね。**

最近では、**年齢を重ねた女性の着心地を重視する肌着が増えています。**素材がやわらかい、縫い目がない、タグがないなどは、赤くなる、かゆくなる、チクチクするなどの肌ストレスを予防してくれるうれしい工夫です。

「気分リフレッシュ効果」で女をアゲる

元気になりたい、気分を変えたいと思ってインナーを選ぶ方も多いのではないでしょうか。たしかにインナーには「気分リフレッシュ効果」があります。

昔は多くの人が元日に新しい下着をおろすことにしていました。いまでもそうした習慣のある家庭もあります。由来については諸説あるようですが、新しい年を迎えるにあたって気分をリフレッシュするという意味合いは大きいでしょう。

下着は肌にいちばん近い部分にあるものですから、わたしたちの心や体に大きな影響を与えます。「病《やまい》は気から」といいますが、気持ちが明るくなったら、体も元気になったというのはよく聞く話です。**元気のもとの「気」をリフレッシュしてくれる力が下着にはあるのですね。**

たとえば、**気分がなんとなくすぐれないときは、明るいカラーの新しい下着を着けてみましょう。**それだけでシャキッとして気分が前向きになります。

わたしも会社員のころに、それを実践《じっせん》していました。明るいカラーの下着を着けて、鏡に映った自分を見てガッツポーズをしてからスーツを着たものです（笑）。そうすると不思議と気持ちが晴れやかになって、姿勢もよくなり、元気に出勤できたのです。

ダークスーツでバリバリ仕事をするキャリアウーマンのなかには、カラフルなレース使いのインナーを着けている女性が多いそうです。

わたしもキャリアウーマンの友人から、「自分をアゲるためのインナーを選んで着ている」という話を聞いて納得しました。

「アゲる」とはよく聞く言葉ですね。気分をアゲる、女をアゲるなど、いろいろな場面で使われます。

自分の気持ちに緊張感や勇気を与えて、むずかしい仕事や状況を颯爽《さっそう》と乗り越えるために、自分の気分をアゲる。気に入ったおしゃれなインナーを着ることによって、女性らしい気持ちになり、内面からの女性らしさで女をアゲる。

そう考えると、女性にとってインナーは、いまを生き抜いていくための大切な武器なのかもしれません。「まず、自分の気持ちから変えたい！」と思ったら、下着の威力はかなりのものです。

こうしたインナーの効果を上手に活用して、体型のお悩みや身心の不調などをどんどん改善していきましょう。

インナーの種類と役割をおさらい

インナーとひと口にいっても、さまざまな種類があります。まずは、それぞれの特徴、役割、どのように役立つものなのかをおおまかに押さえておきましょう。メーカーによって呼称が違う場合もありますが、ここではおもに本書に登場するインナーを分類してみました。

アンダーウエアのショーツをはき、ファンデーションのブラジャーとガードルを着け、ランジェリーのスリップを着る、という具合に、みなさんにもなじみ深いものです。

ファンデーション 「基礎」の意味があり、ボディラインをきれいに補整するインナー

・ブラジャー：バストをアップし、バスト周辺のラインを美しく整える。カップの形でフルカップブラジャー、3／4カップブラジャー、ハーフカップブラジャーなどに分けられる。アンダーベルトの幅が広いものにロングブラジャーなどがある

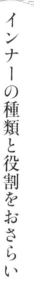

・ガードル：ヒップと下腹部を補整し、ヒップアップ、お腹押さえをするもの。太ももまで覆《おお》うロングタイプとヒップまわりだけ覆うショートタイプがある
・ボディスーツ：バストからヒップまでを1枚で補整できるインナー。バストアップ、お腹押さえ、背中・わきの引き締め、ヒップアップをし、ボディラインをなめらかにする。クロッチ（股《また》部）にホックがある
・ボディシェイパー（シェイプインナー、シェイパーとも）：ボディスーツと同じシェイプ機能があるインナーの総称。クロッチはない。キャミソール型、カップなし、長袖つきなど形はさまざま
・バストパッド：ブラジャーやボディスーツのカップに入れて、バストの形を整えるもの
・ウエストニッパー：ウエストのくびれをつくる、ウエストを細くする機能があるインナー

アンダーウエア　肌に直接つけ、暑さや寒さ、汗などから体を守るインナー
・ショーツ：体の汚れをとり衛生的にするため、ヒップに着用するインナー

・肌着：上半身を覆うインナー。保温・吸汗がおもな働き。キャミソール型、ノースリーブ、半袖・長袖などのトップスとボトムなど

・ボディブリファー：ボディスーツと同じ形をしている肌着で、吸汗性や保温性がある。パワー（着圧）の低い生地でできている

ランジェリー　装飾性が高くすべりがよい素材でできているおしゃれのためのインナー

・スリップ：ワンピース型のインナー

・キャミソール：ストラップつきのトップス

・フレンチパンツ：ショートパンツ型のインナー

・ペチコート：スカート型のインナー。股が分かれているキュロットペチコートもある

・ボディ：ボディブリファーやボディスーツのように、クロッチにホックがついている型のおしゃれなインナー

50代からの敏感な体に合うインナーは、20代や30代と同じではありません。きれいに、健康的に、毎日をイキイキと過ごすために、インナーの見直しをはじめましょう！

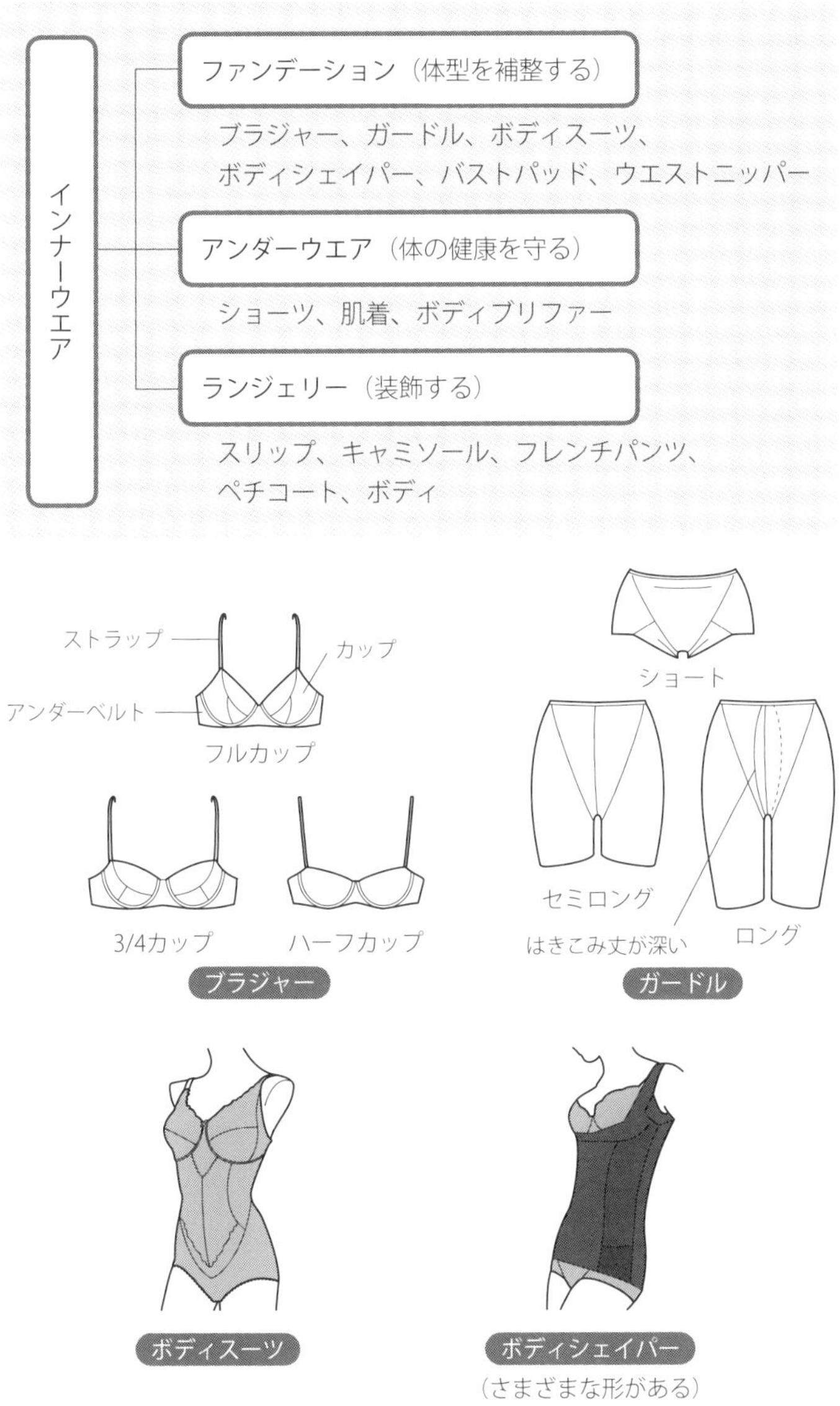

図1　インナーの種類と役割

第2章

補整インナーで
なめらかボディメイク

「こんなものかしら」とあきらめてしまわないで！

インナーでもっと素敵に、もっと快適に

女性はおしゃれに敏感です。化粧品や服はいつも見られている部分なので、いろいろと気を使っているでしょう。おしゃべりをしたり、雑誌を読んだり、街を歩いたりしているだけで、情報もどんどん入ってきます。

でも、下着はどうでしょうか。直接見られるものではないし、ほかの女性の下着を見る機会もそうそうありません。おしゃれアイテムとしての優先順位が低いし、情報量も少ないのです。気を使うのは、女性同士の旅行など、見られることがわかっているときだけかもしれません。

だから、ちょっと着心地が悪くてもガマンして、あるいは「こんなものかしら」とあきらめて着けつづけてしまうのです。**正しい選び方をしたインナーは本当に気持ちよくて、スタイルもアップし若々しくなれる**のですが、それがあまり知られていないのはとても残

念に思います。

インナーを替えれば、お気に入りの服をさらにカッコよく着こなすことができます。あるいは、自分の体型ではむずかしそうだからと買うのをためらっていた服が、ここぞというときに自信をもって着ていける勝負服になるかもしれません。

下着だって化粧品や服と同じこと。**ちょっと知識をもっていれば、もっともっと素敵になれるのです。**

インナーについて気になっていたことや悩んでいたことを見つめ直してみませんか。

女性はみんなインナーに悩んでいる

20～30代の下着が合わなくなってきた

情報が少ないと、ほかの人たちがどういうことを気にしているかは、なかなかわかりませんね。でも、下着メーカーがおこなった調査によると、女性はみな、同じようなお悩みをもっているようです。

ワコールは２０１１年２月、全国の25〜54歳の１万３４２名の女性調査モニターを対象にインターネット調査をおこない、「からだと下着に関する1万人白書 日本女性の〝見過ごせない下着選び〟と〝バストケア〟」を発表しました。

それによると「ブラジャーを着けるとき、着けている最中に思い当たること」として、次のような回答がありました。いずれも、どなたにも「あるある」なことでしょう。

・肩ひもが落ちてきてしまう　23・３％
・動いている間にずれる　10・５％
・カップが浮いたりパカパカする　６・８％
・ワイヤーの部分に違和感が残る　５・５％
・肩がこる　５・４％
・ワイヤーが肌に食いこむ、跡がつく　５・０％

「その他」の回答も含めれば、**ブラジャーに不具合を感じている人は、トータルでじつに８割以上もいることが明らかになりました。**

また、同じくワコールは、２０１０年８月に首都圏在住の20〜74歳の女性１１２３人を対象に、「女性の身体意識と生活スタイルに関する調査〜女性のエイジングと下着の心理学的研究～」というインターネット調査もおこなっています。

そのなかで、「あなたのブラジャーに対する不満についてお聞きします。あてはまるものをすべて選んでください（複数回答）」という設問に対して、20代と30代は値段やデザインに関連した不満を選んでいました。この世代は、機能性よりもデザインで下着を選んでいるのかもしれません。

しかし、50代になると、

・自分にピッタリのサイズのブラジャーが見つからない　42・9％
・カップの形が合わない　37・4％
・しめつけなどのつけごこちがきつい　28・6％

が増えてきます。

このあたりは、いま、読みながらうなずいている方も多いかもしれませんね。

一方、グンゼは2012年11月に、45～60歳の女性208人を対象にインターネットで調査をおこないました。

「20代・30代で使用していた下着ブランドがカラダに合わないと感じた時期がある」と答えた人143名を対象に、「違和感を感じた時期」についてたずねたところ、結果は「40

〜43歳」がもっとも多く、それについで「44〜46歳」「47〜49歳」であることがわかりました。

40歳を過ぎると、体が変わったという実感をもつ方は多いようです。40〜50代は体に合ったインナーへの替えどきなのですね。

また、「20代・30代の下着から感じた違和感や悩み」をたずねたところ、更年期症状のある女性からは、

- 家ではできるだけ楽な下着でいたい　89・4％
- 下着のしめつけをストレスに感じることがある　82・7％
- 発汗、ほてりを感じて体温調節が上手くいかない　76・0％
- 肌が敏感になり刺激を感じやすくなった　76・0％
- 下着で肌がかゆくなる　74・0％

などがあげられました。

このように女性のインナーのお悩みは共通しつつも、さまざまです。年齢を重ねると、お悩みは増え、その内容も変わってきます。とくに更年期といわれる時期になるともっと

も多くなります。

そういったお悩みも、自分の体を知り、自分に合った下着を見つけることができれば、かなり解消されるのです。

そのための第一歩は、**自分の体の状態を確認すること**です。年齢とともに体が変わっていくことはだれでも理解はしているものですが、自分のこととなるとなかなか認めたくないものです。でも、それで、スッキリきれいな体への道が開けるのだとすれば……。

まずは、現実をとらえることからはじめましょう（ちょっと自分に言い聞かせています）。

年齢とともに変わっていく体

すべての部分がふくよかに

年齢による変化でいちばん気になるのは体型でしょう。ひさしぶりに撮った友人との写真を見て、自分の変化に驚いたりすることがありますね。そういうわたしも、親戚の結婚式での写真を見て、自分の体型の変化にびっくりしました（笑）。

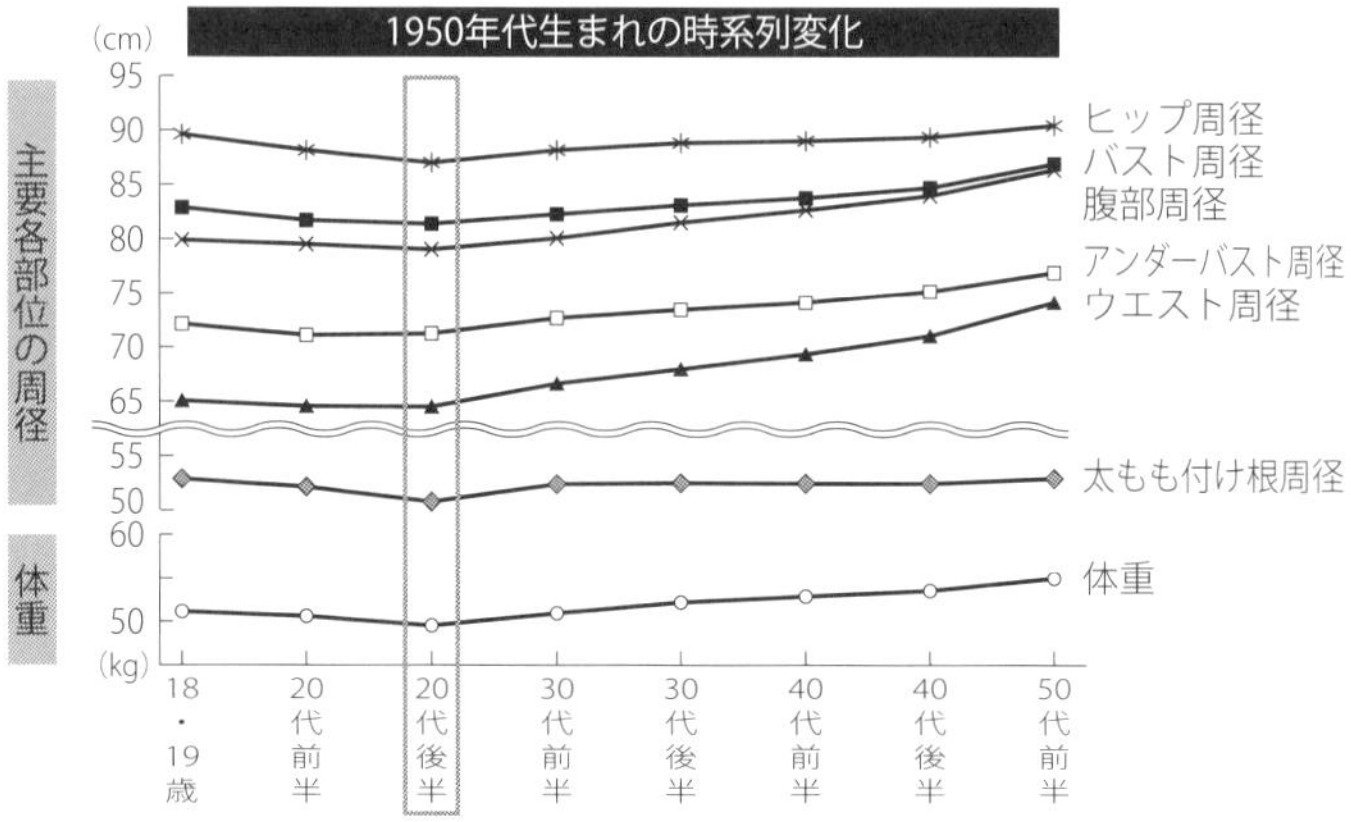

図2　年齢による体型の変化
出典：ワコール人間科学研究所

年齢とともに、女性の体型はどのような変化をしていくのか、見ていきましょう。

20代後半を境に、ヒップ、バスト、アンダーバスト、ウエスト、太もものつけ根、体重、どの数値も上がっています。年齢とともに、すべての部位がふくよかになっているのです。

とくに50代近くになると、お腹まわり（腹部周径）がバストと同じくらいになることがわかります。くびれがなくなってしまう、ということですね。

このグラフでは数値しかわかりませんが、形はどうでしょうか。

バストの変化
——左右に広がりながら下垂

まずバストを見てみましょう。年齢とともに下垂するバストは、女性の一生を通していちばん変化が大きい部分といってもいいでしょう。

バストはおもに脂肪と乳腺組織《にゅうせんそしき》（母乳をつくる、ためる、出すという一連の働きをおこなうところ）でできています。性ホルモンの分泌《ぶんぴつ》が見られる小学校低学年から発育がはじまり、思春期のころからふくらみはじめます。生理がはじまるころから乳腺ができて、ふくらみがしだいに立体的になります。

その後、成熟期があって、30代後半からバストは後退期に入ります。閉経のころから卵《らん》巣《そう》機能がおとろえ、女性ホルモンが減少し、乳腺は小さくなっていきます。

若いころは乳腺がふっくらとしているのでバストがパンと張っていて、トップの位置も高いのです。それが、年齢とともに乳腺がしぼみ、バストの中はほとんどが脂肪になります。

バストの中には筋肉がないため、脂肪の重さでしだいに下がっていきます。バスト上部（胸もと）のボリュームも落ちてきます。

こうしてバージスライン（バストの外周でワイヤーブラのワイヤーがあたるライン。109ページ図9参照）の位置は変わらないのに、鎖骨《さこつ》からバストトップまでの長さが長くなり

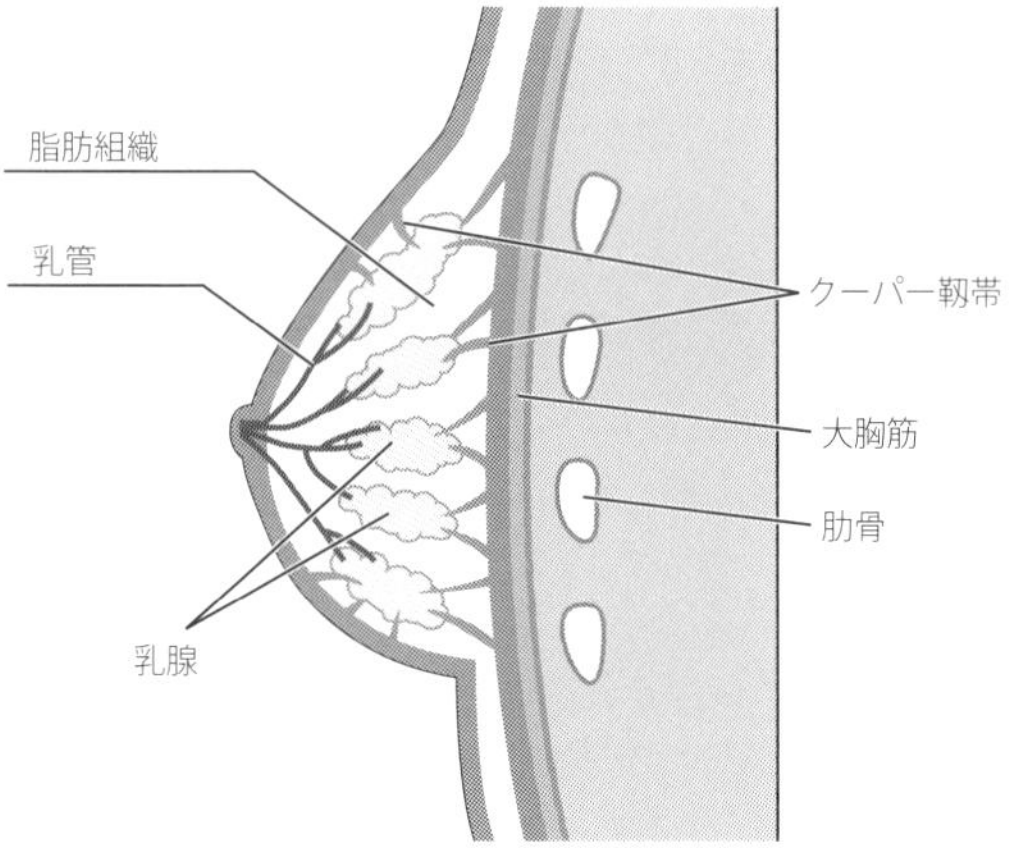

図３　バストの断面図

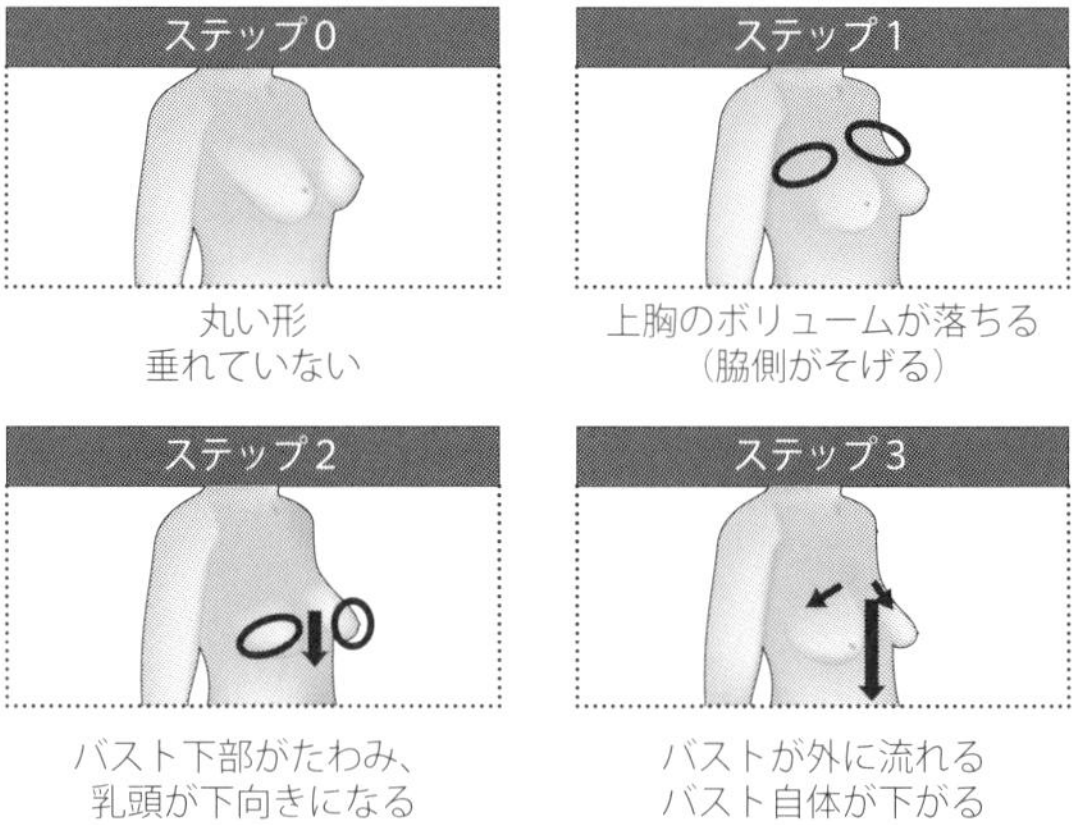

図４　バストの変化
出典：ワコール人間科学研究所

ます。

さらに、**バストは真下ではなく、**左右に広がりながら下垂していきます。と同時に、バストそのものではなく、**バスト周辺に脂肪がつく体型に変化していきます。**ぴったりしたTシャツを着たときに、背中のブラジャーのラインが気になってくるのはそのせいです。

若いころ筋肉質だった方も、50代になると肉質がやわらかくなり、下着が食いこんで、服の上からでも段々がわかるようになってきます。

ヒップの変化――「桃尻」から「ピーマン尻」へ

では、ヒップはどのように変化するのでしょうか。若いころはキュッと上がった半円形ですが、**ヒップと太ももの境界線がだんだんなくなっていきます。**

ヒップポイント（ヒップのいちばん高い場所）が下がっていき、**メリハリのない四角い形に変形。**下垂とともに、ショーツからヒップの肉がはみ出るようになります。

ヒップが下垂するおもな原因は、年齢とともに筋力が低下し、脂肪が下がっていくからです。50代以上の女性では、ほとんどの方がヒップの変形を感じているのではないでしょうか。

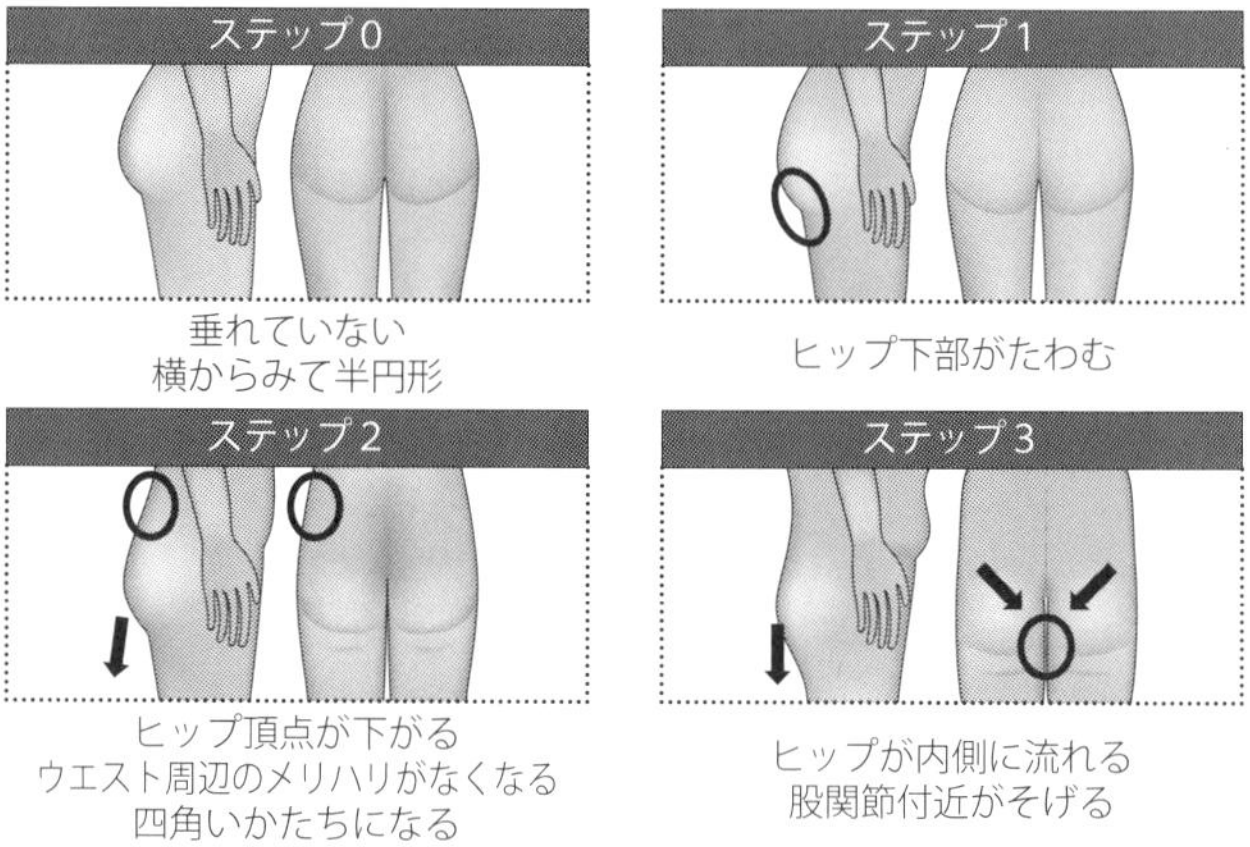

図5　ヒップの変化

出典：ワコール人間科学研究所

20代のころは丸い「桃尻」だったのに、いつのまにか縦長の「ピーマン尻」になっているのですね。

ウエストの変化
——スカートがずり落ちることも

ウエストにも変化があらわれます。ウエスト周辺は体のなかでいちばん脂肪がつきやすいところです。年齢とともに**くびれがなくなり、下腹部全体がせり出してきます。**

こうなると、座ったときに二段腹、三段腹になってきますし、スカートやズボンのベルトのホックがとまらなくなってきます。

また、ウエストに脂肪がついてくると、スカートがずり落ちてしまうこともあります。

若いころはウエストのほうがヒップより細いので、スカートはウエストで止まっているのですが、ウエストとヒップとの差がほとんどなくなる（もしくはウエストのほうが太くなる）と、そうなってしまうのです。実際、わたしの母がそうでした。

悲しいかな、「ウエストはバストとヒップよりも細い」という常識が通用しない体型になっていくわけですね。

だれでも使えるファンデーションの魔法

ファンデーションの基本とは

このように、女性の体型は年齢とともに大きく変化しています。それなのに、20代や30代のときと同じようなインナーを買いつづけている人がけっこう多いのです。着心地が悪くなるのも当然でしょう。

では、どのようなインナーが必要なのでしょうか。ラクにスタイルよくなれるインナーを探すために、「ファンデーション」の基本を押さえておきましょう。

ファンデーションとはボディラインをきれいに整えて、スタイルよく見せるインナーのことでした。ブラジャー、ガードル、ボディスーツ、ウエストニッパー、ボディシェイパーなどですね。

ブラジャーの役割――バストラインをきれいにする

ファンデーションのなかでも女性にとってまず気になるインナーといえば、そう、ブラジャーでしょう！

ブラジャーの役割は「バストラインをきれいに整える」こと。「そんなこと知ってるわ」という方、ご自分のブラジャーはその役割をきちんと果たしてくれているでしょうか？

ブラジャーを着けた姿を鏡で見て、次のポイントをチェックしましょう。

【いま着けているブラジャーをチェック】

・ちゃんとバストアップしていますか？
・バストが左右に広がらず、わきがスッキリしていますか？

・カップの上辺やわきにお肉の段差がなく、なめらかなラインになっていますか？

バストアップしているかどうかについては、手を体の真横におろして、肩とひじの中間の高さにバストトップがあるのが理想的だといわれています。でも、バストが大きい方であれば、もう少し下のほうがきれいでしょう。

大切なのは、首から下がすっとなめらかなラインを描いていることです。バストは左右に広がらず、体の幅におさまっているほうがスッキリ見えます。

ガードルの役割――お腹押さえとヒップアップ

まず確認しておきましょう。ガードルの二大機能はお腹押さえとヒップアップです。ガードルはお腹を押さえるためにはくものと思っている方が多いようですが、ヒップアップも大切な目的です。

年齢とともにヒップは下垂しますが、そうなるとヒップポイントも下がるので、足が短く見えてしまいます。

足を長く、スタイルよく見せるためにハイヒールを履きますね。ガードルはこのハイヒールと同じような効果があるのです。ヒップアップして、足を長く見せてくれるのです。

ハイヒールの話が出ましたが、年齢とともに筋肉がおとろえ、ハイヒールを履くのをつらく感じている方も多いでしょう。なにを隠そうわたしもそのひとりで、どうしてもハイヒールを履かないと格好がつかないときは、現地へ持参して履き替えています。そんなふうに筋肉がおとろえる年齢だからこそ、上手にガードルを利用したいものです。

ガードルにはショートタイプとロングタイプがあります。

ショートタイプはヒップまわりを覆《おお》って持ち上げ、ヒップラインをきれいに整えて、下腹部を適度に押さえてくれます。

ロングタイプは太ももの部分までサポートして、太もものほうに下がったお肉をヒップの位置までぐっと戻して、整えてくれます。はきこみ（いわゆる股上《またがみ》）の深いものが多く、ショートタイプよりもお腹押さえもしっかりしています。

50代からはロングタイプがおすすめです。

ガードルはお腹を押さえるものというイメージが強いせいか、本来のサイズよりも小さいものを着けている女性が多いようです。その結果、お尻が押しつぶされてしまっている方をよく見かけます。

ガードルにかぎらず、インナーはきつく感じるものは着けないようにしましょう。きついと感じたらサイズを見直したほうがいいでしょう。

ボディスーツの役割――なめらかなボディラインをつくる

ボディスーツは、バストからヒップまでを1枚で整えてくれるインナーです。クロッチ（股部）にホックがあります。

肉質がやわらかくなった50代からの女性にとっていちばんうれしいのは、**段差のない、なめらかなボディラインをつくってくれる**ことでしょう。ブラジャーやガードルを着けたときにできる**食いこみが消える**のです。

また、第5章でくわしく説明しますが、ボディスーツを着ると**背中が伸びて姿勢もきれいになる**効果もあります。

ウエストニッパーはウエストをキュッと細く補整するインナーです。**一瞬にしてくびれができる**ので、「今日だけおしゃれをしたい」ときにはおすすめです。

ボディシェイパー（シェイパー、シェイプインナーとも）は、ボディスーツに似た形のものはクロッチがなく、着脱が簡単です。そのほか、ブラジャーとウエストニッパーが一体となったブラシェイパー、袖つきで二の腕も引き締めてくれるようなシェイプインナー、カップがついているキャミソールタイプ、カップなしでブラジャーといっしょに着用するタイプなどさまざまな形のものがあります。

体型の変化に合わせたインナープランニング

基本はブラ＋ロングガードル＋ボディシェイパー

全身をラクに、即効でスタイルアップするために、どのようなファンデーションを持てばいいかを見ていきましょう。

図6は、わたしが考える、体型の変化に合わせた補整インナープラン表です。

たとえば50代でバストの大きい方は、やわらかなバストを包みこむフルカップブラジャーにお腹まわりをきれいに見せるロングタイプガードル。60代はバストがやわらかくなるので、基本的にはフルカップブラジャーがおすすめです。襟《えり》ぐりの広い洋服などのときは、ブラが見えないように3／4カップを着けて使い分けるといいですね。どちらにしてもロ

	体型		補整下着
10代	バストがふくらみはじめる		ファーストブラ ソフトタイプブラジャー 3／4カップブラジャー ハーフカップブラジャー ショートタイプガードル
20代	バストにハリがあり、女性としての体型が完成		ソフトタイプブラジャー 3／4カップブラジャー ハーフカップブラジャー ショートタイプガードル ロングタイプガードル
30代	ライフスタイルや出産の有無によって体型はマチマチ		ソフトタイプブラジャー 3／4カップブラジャー ハーフカップブラジャー ショートタイプガードル フルカップブラジャー ボディスーツ（ボディシェイパー） ロングタイプガードル
40代	バスト、ヒップの下垂やウエスト、背中などの脂肪が気になりだす		ソフトタイプブラジャー 3／4カップブラジャー フルカップブラジャー ボディスーツ（ボディシェイパー） ロングタイプガードル
50代	バストにハリがなくなり、肉質がやわらかくなり、下着のラインが気になる		ソフトタイプブラジャー 3／4カップブラジャー フルカップブラジャー ボディスーツ（ボディシェイパー） ロングタイプガードル
60代	きれいな姿勢を保つことがつらくなる		ソフトタイプブラジャー 3／4カップブラジャー フルカップブラジャー ボディスーツ（ボディシェイパー） ロングタイプガードル
70代～	前かがみでいることがラクになる		ソフトタイプブラジャー フルカップブラジャー ロングタイプガードル

図6　体型別補整インナープラン表

ングガードルと合わせましょう。猫背になりがちな方はボディスーツを着用するとラクです。

いずれにしても、ショートタイプのガードルをはくのは30代まで。スッキリしたボディラインに見せたいならロングタイプガードルがおすすめです。

ハミ肉や背中の下着のラインをなくし、なめらかなボディラインにすると若々しくなります。ボディスーツがおすすめですが、ボディシェイパーでもかなり効果的です。

体型が気になる50代からのインナーは、「ブラ＋ロンググガードル＋ボディシェイパー」を基本セットとしておすすめします。

エイジレスな体をラクに手に入れるおすすめインナー

お店でぴったりの商品を探すのはむずかしい

ここからは、図6の体型別補整インナープラン表をもとに、具体的なおすすめ商品を見ていきましょう。

下着メーカーは年代や体型に合わせて選べるように、さまざまなタイプのインナーをブランド別に展開しています。でも、お店に行って、ぴったりの商品を簡単に見つけられるかというと、残念ながらそうではありません。

売り場では、タイプ別に商品が並んでいるのではなく、メーカーごとに並んでいることが多いからです。

しかも、**各メーカーはそのときにいちばん売りたい商品を目立つように並べる**ので、タイプ別にさまざまな商品を比較しようとしてもなかなかむずかしいのです。

だからといって販売員に聞くと、**販売員が担当しているブランドの商品しかすすめてくれない**ことが多く、選択肢《し》が少ないのですね。

「何を、どこから、どうやって探せばいいの？」という方も多いと思うので、ここで日本の有名メーカーのインナーからわたしがおすすめするものをご紹介します。

体型や着心地が気になる50代からの女性に合いやすいものをピックアップしてあります。補整力はブランドによってさまざまですが、無理なく毎日着けられるようなものを選びました。ぜひ参考にしてください。

着け心地がラクなソフトタイプブラジャー

最近は、年代やTPOに関係なく、ワイヤーが入っていないソフトタイプのブラジャーを着用する女性が多くなってきました。**なにより「着け心地がラク」**なのが、人気の理由でしょう。

「ハーフトップ」と呼ばれる、肌着感覚で着けられるブラジャーも増えました。名前の由来どおり、まさに「タンクトップ」の上半分のようなカップつきブラジャーです。しっかりしたブラジャーと違って、**アンダーの圧迫感や窮屈《きゅうくつ》感などがほとんどありません。**ただ、ソフトタイプなのでバストアップやわきをスッキリさせる補整力はあまり期待できません。

ふだんはワイヤー入りのブラジャーを着けている方でも、一日中家でリラックスするとき、飛行機や新幹線などに長時間乗るとき、また、体調がすぐれず圧迫感や窮屈感がいつもより気になるときなどに、こういったソフトタイプのブラジャーがあるとホッとしますね。

メーカーによって素材や型が違うので、着心地には多少の差があるようです。

トリンプ「スロギー」ゼロフィール　ハーフトップ

各メーカーからさまざまなハーフトップが発売されていますが、このブランドはやわらかくなったバストでも安定感があり、ソフトタイプながらバストラインを比較的きれいにしてくれるところが特徴です。

「スロギー」は若向きのブランドですが、カラーバリエーションが豊富で、幅広い年代に着用されています。

「ゼロフィール（着けてる感ゼロ）」をうたうだけあって、締めつけ感はほとんどなく、なめらかな肌ざわりです。

以前からあった商品で、最近は口コミやテレビCMで人気が上がり、爆発的なヒットになっています。

トリンプ「スロギー」ゼロフィール　ベーシックタイプ

バストラインがきれいな3／4カップブラジャー

日本の女性が着けているブラジャーでもっとも多いタイプです。いちばんなじみがありますよね。ワイヤー入りのタイプが多く、長いあいだ、「バストラインをきれいにつくるならワイヤー入りの3／4カップブラジャー」というのが常識でした。

ブラジャーがバストの4分の3を覆《おお》うタイプで、ハーフカップ（1／2カップ）よりも**バストに安定感がある、**フルカップと違って襟ぐりの広いアウターにも対応しやすい、**わきからのサイドサポートがしっかりしている、**などの特徴があります。

バリエーションがつけやすいので、カップ部分に厚手のパッドが入っているなど、商品ごとにいろいろな工夫もされていて、デザインもおしゃれなものが多いと感じます。

ワイヤーについては、「あたる」「きつい」「跡《あと》がつく」などが気になっても、やはりワイヤーが入っていないと補整力がないから「しかたない」と思われていました。

でも、最近では、ワイヤーをソフトな素材にしたものや、バストアップをワイヤーに頼らないものも登場して、**「ラクな3／4カップブラジャーでバストメイク」**ができるようになりました。

グンゼ「キレイラボ」肌側綿100%　やわらか樹脂ワイヤーブラジャー

「キレイラボ」は体調が変化する40〜50代女性のためにつくられたブランドで、ブラジャーについても、体にやさしい素材を使用するなど、さまざまな工夫がされています。

やわらかい樹脂《じゅし》ワイヤーと肌側綿100%（肌にあたる側が綿100%）のパワーネット（ポリウレタンなどを編みこんだ伸縮性のある網状の生地）を使っているのが特徴です。

グンゼ「キレイラボ」肌側綿100%　3/4カップ　やわらか樹脂ワイヤーブラジャー

ワイヤーやアンダー部分の肌あたりが気になるという方には、ぜひ一度、試着していただきたいブラジャーです。これまでの肌あたりとずいぶん違うので、きっとびっくりすると思いますよ。

気持ちのいい着け心地でおしゃれなデザインながら、2000円台という価格でお財布にもやさしい優れものです。

ワコール「グラッピー」フィットブラ

安定感抜群のフルカップブラジャー

バストをすべて（フル）包みこんでくれるタイプのブラジャーです。ブラジャーはバストを覆ってくれる部分が多いほど安定し、動いてもずれにくくなります。やわらかくなったバストであればなおさらです。

また、しっかりとバストを包みこみストラップで支えるため、ワイヤーがなくても、バストアップなどの補整力はしっかりしています。

フルカップブラジャーは「年配向けでおしゃれじゃない」というイメージをもたれがちですが、最近ではデザインを重視したものも多くなってきました。

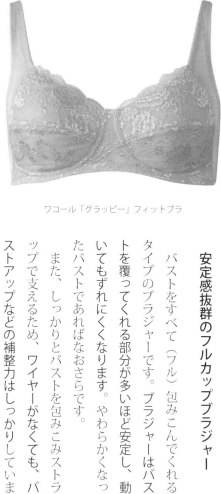

❦ワコール「グラッピー」フィットブラ

ワコールのミセス向けブランド「グラッピー」は以前から定評があり、リピーターが多いのです。それだけ着心地がいいのですね。

アンダーがゆったりめの形で、安定感があります。生地がよく伸びてくれるので体にフィットし、とても動きやすいのが特徴です。美容師さんや看護師さんなどからも好評です。

幅広のストラップで肩に食いこみにくく、A70からE95までとサイズ展開が豊富なのもうれしいですね。

後ろ姿スッキリのロングガードル

ガードルは、太ももの部分までサポートしてくれるロングタイプのほうが、ボディラインはきれいになります。とくにヒップが下垂しはじめる年代は、太ももにヒップの脂肪を流さないためにも、ロングタイプを選びましょう。

ガードルは「きつい」というイメージがあって、着用している人は少数派なのですが、50代からはきれいな後ろ姿で足長に見せるために、ぜひとも取り入れていただきたいものです。

50代からの体を考えた、ラクな着用感のガードルなら、かなりはきやすくなっています。しっかりしたボディをつくるものではありませんが、一日中着用していてもムリがありません。

グンゼ「キレイラボ」肌側綿100%ガードル

低着圧で着用感がラクでありながら、ヒップラインをスッキリさせてくれます。幅広ウエストでお腹のハミ肉ができにくくなっています。

ヒップアップ機能はほどほどですが、締め**つけ感がないので、ふだんガードルをはかない方でも、ぴったりしたパンツやスカートのときにはおすすめです。**

グンゼ「キレイラボ」肌側綿100%ガードル

帰宅したらガードルはすぐ脱ぐという声をよく耳にしますが、このガードルははいたままでも気になりません。

また、**肌側綿100%、商品タグがない、シームレス仕様**（縫い目がない）など、敏感になった肌のためにさまざまな工夫がされています。

お悩み対応インナーで素敵にボディメイク

体型のお悩みは人によってさまざまなので、ここからはさらに一歩踏みこんで、お悩み別にインナーでサクッとボディメイクする方法を紹介していきます。

補整効果を出すにはある程度、生地にパワーが必要になりますが、できるだけ年齢を重ねた女性でも無理なく着けられるものを選びました。

人によっては締めつけ感や窮屈感をおぼえることがあるかもしれませんので、試着をして選んでください。

バスト（カップ）が大きい

バスト自体が大きい方は、重さもあるので、なによりも「しっかり支える」ことを考えましょう。サイズをきちんと合わせて、できるだけ**全体をすっぽり包むフルカップでバストを安定**させます。

アンダーベルトとストラップが**太いことも要チェック**です。後ろホックが3段になって

トリンプ「ストーリー360」フルカッププブラジャー2（サイズ展開B75～G85）

トリンプ「フロラーレ・バイ・トリンプ601」ブラジャー（サイズ展開F65～H75）

いるともっといいですね。ベルトやストラップが細かったり、ホックが1段のものでは、バストの重みを支えることができないからです。

サイズ展開が豊富なブラジャーでは、大きいサイズにこうした工夫がされているのをよく見かけます。

さらに、**体をわきから締めるサイドサポート**がしっかりしていると、バストが横に広がらず、スッキリと細く見えます。「前に突き出さないかしら？」と心配されるかもしれませんが、正面に比べて、横から見た厚みはそれほど気にならないものです。
また、フルカップでなく3／4カップでも、カップサイズが大きいものに特化しているブラジャーは、支える機能がよりしっかりしているので安心です。

トリンプ「ストーリー360」フルカップブラジャー2

トリンプ「フロラーレ・バイ・トリンプ601」ブラジャー

大きいバストを小さく見せるブラジャーも発売されています。トップをとがらせずに丸く形づくり、サイドをスッキリさせることで、ボリューム感をおさえます。

ワコール　小さく見せるブラ　フルカップブラ

ワコール　小さく見せるブラ　フルカップブラ（サイズ展開D65～H85）

バスト（アンダー）が大きい

アンダーが大きい方はバストの幅が広いともいえます。バスト全体を包みこんで安定させ、バストの横広がりをおさえる、カップサイドをスッキリと見せるなどの工夫があるものを選んでください。

トリンプ「ストーリー360」ノンワイヤーブラジャー

トリンプ「ストーリー 360」ノンワイヤーブラジャー（サイズ展開A75～D90）

バストが小さい

きちんとブラジャーを着けても、カップがバストにフィットせず、形がきれいに出ないことがあります。とくにサイズが小さい方やハト胸の方に多い悩みです。

そんなときはバストパッドがおすすめ。バストパッドはじつは気軽に使えるおしゃれアイテムなのです（126ページ参照）。

パッドをあてる位置には気をつけましょう。パッドはバストの下辺部に入れて、パッドの上にバストを置くようにします。パッドで下からバストを持ち上げるイメージです。**バストをけっして押しつぶさないことが大切**です。最近ではカップの下辺部にパッドを入れるポケットがついているブラジャーをよく見かけます。パッドがとり外し自由で、落ちる心配がないので便利ですね。

なお、バストが小さい方は、バストが大きい方とは逆に、**バスト全体を完全に覆わないブラジャーのほうが合うことが多い**ものです。フルカップなどはかえってフィットしにくいのです。ハーフカップのブラジャーも合いやすいので試してください。


トリンプ「ソルフェージュ211」ブラジャー

トリンプ「ソルフェージュ 211」 ブラジャー

北陸エステアール「体型分析ブラIII・芍薬」

バストの下垂

脂肪はやわらかくて重いので、すぐに下垂してしまいます。ここではより強力にバストアップする方法を考えてみましょう。

バストアップするなら、カップだけでなく、アンダーベルトに注目しましょう。バストを持ち上げているのはアンダーベルトなのです。体が動いてもずれることなくバストを安定させておくには、幅広でしっかりとフィットするアンダーベルトのブラジャーが効果的です。

北陸エステアール「体型分析ブラIII・芍薬《しゃくやく》（下垂気味用）」

さらにバストアップしたいなら、アンダーベルトがより幅広のロングブラジャーや、ボディシェイパーとブラジャーの重ね着なども効果的です。

アンダーが幅広のロングブラはバストを支える力が強く、ストラップなしでも着用できるタイプもあります。夏場など胸もとが広くあいたアウターのときに便利です。ブラジャーといっしょに着けるタイプのボディシェイパーは、下からブラを持ち上げるような形になるので、バストアップ効果がより高くなります。

ワコール　パーフェクトシェイプ　ロングブラ

ワコール　パーフェクトシェイプ

ワコール　パーフェクトシェイプ　ロングブラ

ワコール　パーフェクトシェイプ

バストの横広がり

左右に広がったバストはより大きく見えます。太っているように見えるのは「正面から見た幅」なのです。

わきに広がったバストを中央に寄せるだけで、前から見たときの体の幅もすっきりスリムに見え、ボリューム感がおさえられます。「わき寄せ機能」がついているブラジャーを選びましょう。

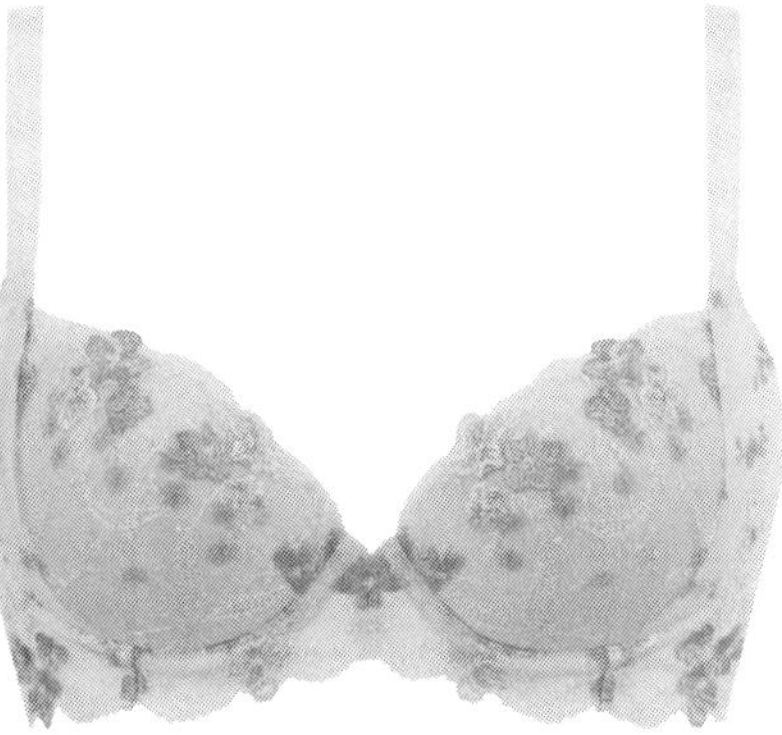

トリンプ「天使のブラ　スリムライン433」ブラジャー（サイズ展開A70～F80）

トリンプ「天使のブラ　スリムライン４３３」ブラジャー

猫背

バストをしっかり支えてくれて、バストの重みを感じず、前が下がらないブラジャーを選ぶことが基本ですが、クセになった猫背を矯正《きょうせい》してくれるブラジャーもあります。背筋をピンと伸ばしてくれるので、自然に胸が張り、姿勢がよくなります。

スポーツブラに多い工夫がされており、最近ではデイリーで使えるブラジャーも登場しました。


グンゼ「トゥシェ／アクティバランス」ノンワイヤーブラジャー

グンゼ「トゥシェ／アクティバランス」ノンワイヤーブラジャー

お腹がぽっこり

ガードルについては同じブランドでも、ショートタイプよりロングタイプやセミロングタイプのほうがはきこみが深いものが多く、下腹部の脂肪を包みこんでくれます。

さらにパワーネットを使ったものであれば、ぽっこりお腹をググッと押さえ、スッキリきれいなヒップラインにしてくれます。

サイズを選ぶときのポイントは、お腹を押

トリンプ「ストーリー 360」ロングガードル

さえたいからといって小さめのサイズを選ばないことです。サイズが小さいと、座ったときにガードルの上に脂肪がはみ出してしまいます。

❦トリンプ「ストーリー360」ロングガードル

ウエストが太い

ひさしぶりの同窓会やちょっとおしゃれをして出かけたい特別な日に、クローゼットから服を出したらスカートがきつくなっていた、なんてこともありますね。「今日だけはこのスカートをはきたい。だけど入らない」というときの救世主です。「いますぐなんとかくびれをつくりたい」というときにも便利です。

幅広のウエストニッパーは、**お腹からウエストまわりにかけて強力にサポート**。ウエストラインが目立つ服に合わせて着けましょう。

もっとも、脂肪がなくなるわけではありませんのでご注意を！

トリンプ　ウエストニッパー147

ヒップの下垂

脂肪がやわらかくなるとヒップも下垂します。縦長のヒップになっていくとともに、ヒ

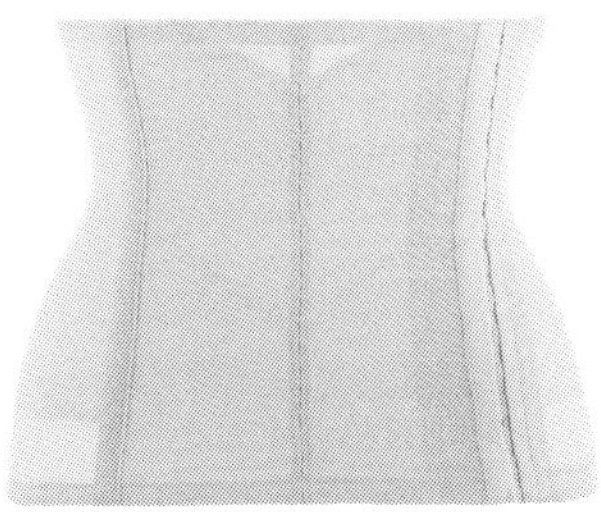

トリンプ　ウエストニッパー 147

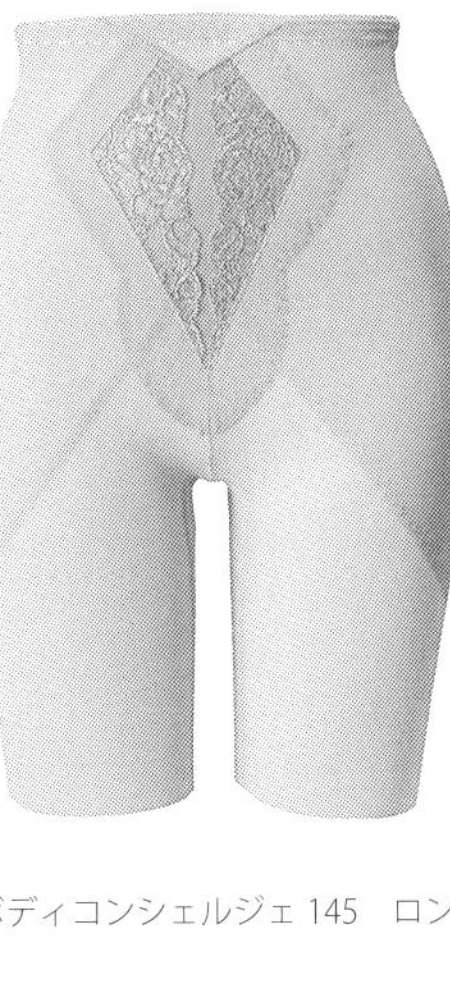

トリンプ　ボディコンシェルジェ 145　ロングガードル

ップと太ももの境目がなくなっていきます。ヒップアップ機能として、その境目にパワーネットがついているガードルをよく見かけます。

ヒップと太ももの境目に縫い目が入った立体的な構造になっていると、さらにヒップアップ効果が高くなります。

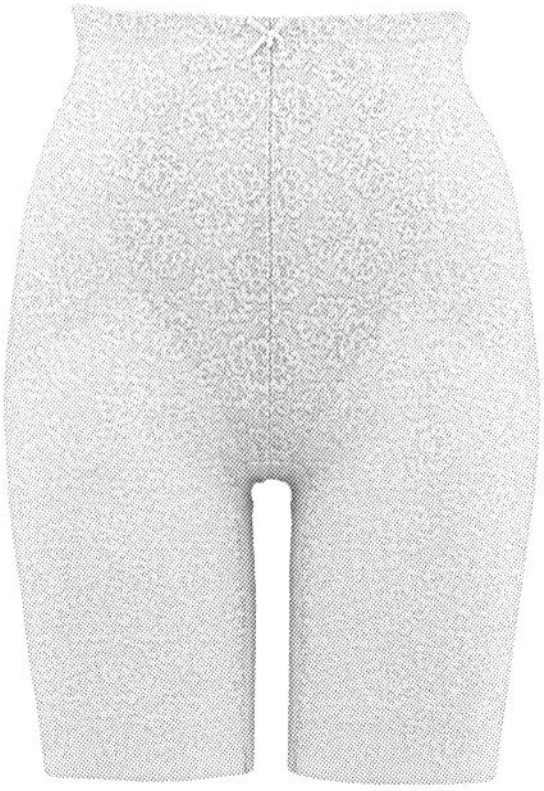

トリンプ　ボディコンシェルジェ 267　ロングガードル 2
（サイズ展開64 ～ 98）

トリンプ　ボディコンシェルジェ145 ロングガードル

ヒップが大きい

ヒップをつぶして小さく見せようとすると、かえって逆効果になってしまいます。立体的にヒップ全体を包みこむことが大切なのです。ヒップが大きい方ほど、**ウエストではなくヒップでガードルサイズを選ぶようにしてください。**

ガードルによってサイズ展開が違います。大きいサイズまで展開しているものを探しましょう。

❦トリンプ　ボディコンシェルジェ267　ロングガードル2

太ももが太い

ガードルの機能としてはヒップアップとお腹押さえのふたつが取り上げられることが多いのですが、太ももをサポートするものもあります。パワーネットが太もも部分に使われているなどの工夫のあるものが効果的でしょう。

❦トリンプ　スピードシェイパー298　ロングガードル

トリンプ　スピードシェイパー 298　ロングガードル

いろいろあげてきましたが、「一度試して

みようかしら」と思っていただけるものはありましたか。体型のお悩みや気になる点が解消できるインナーがひとつでも見つかれば、その喜びは想像以上に大きいと思います。

化粧品や服の場合と同じように（もしかしたらそれ以上に！）満足感が得られたり、自信がついたりするかもしれません。そうすれば、インナー選びがぐんと楽しくなりますね！

第3章

健康インナーでおしゃれに快適生活

つらい不調はインナーでリカバーできる

悩ましい更年期症状

年齢を重ねると、体型だけでなく、体調も変化してくるのは、日々実感することですね。とくに更年期と呼ばれる時期には、のぼせ、ほてり、多汗《たかん》、尿もれ、乾燥肌などの症状に悩まされることもしばしばです。

卵巣《らんそう》機能が低下するのにともなって、45〜55歳ごろにエストロゲン（女性ホルモンのひとつ）が急に減少し、その変化に体がうまく順応できずに起こるようです。

つらい不調はインナーでリカバーしましょう。インナーは体に直接触れているものなので、じつはこうした更年期症状を和《やわ》らげるのにとても役に立つのです。この章では、その活用方法をお話ししたいと思います。

まず、気になる不調とインナーの関係を見ておきましょう。

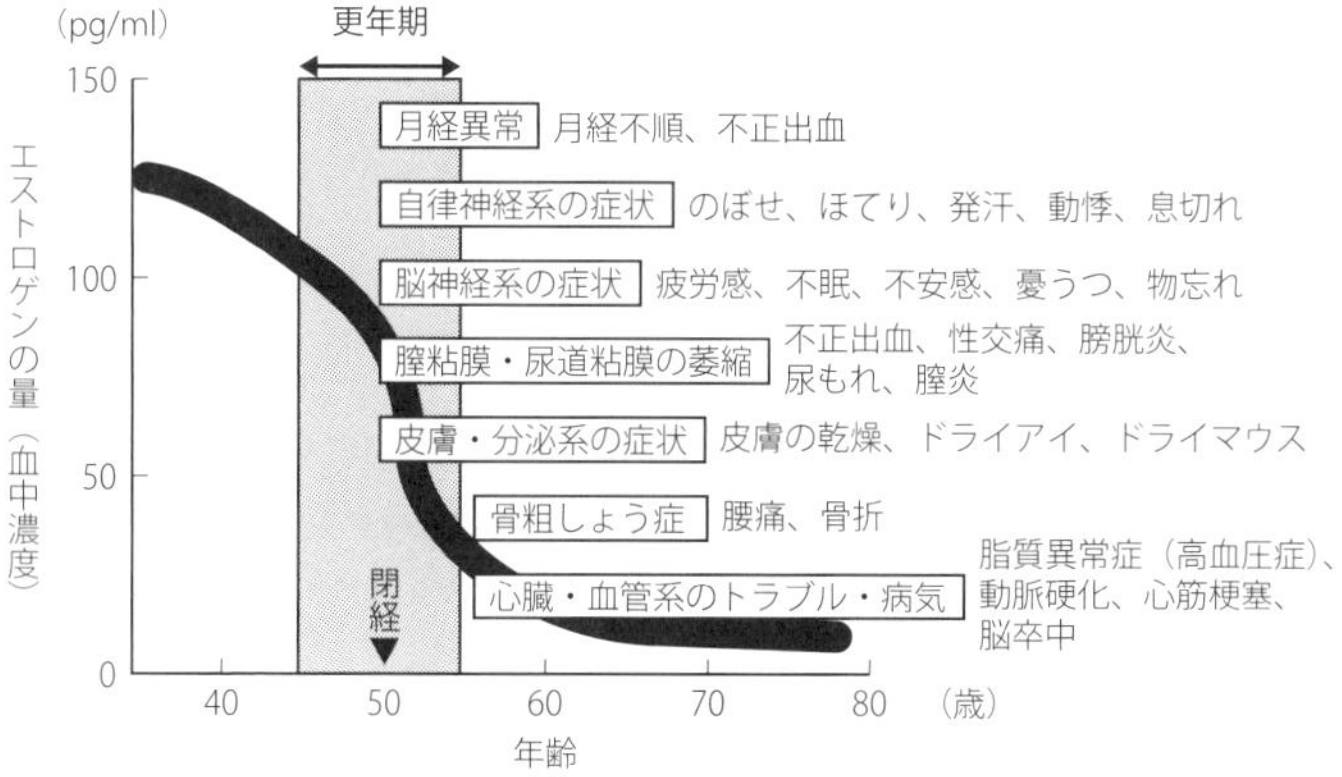

図7　更年期に起こる不調・病気・トラブル
出典：「ウェルネス・コミュニケーションズ」サイト
／対馬ルリ子・女性ライフクリニック銀座院長

ちょっとしたすき間も気になる冷え

子どものころには感じなかったのに、20代ごろから、手足が冷える、オフィスの冷房がきつく感じるなど、冷えに悩んでいる女性は多いと思います。女性の半数から7割近くが冷えをつらいと感じているというデータもあります。

女性は男性に比べて、熱をつくり出す筋肉が少ない、皮膚の表面温度が低い、貧血や低血圧の人が多い、などがその理由といわれています。また、生理やストレスも冷えに大きく関係しているようですね。

このように更年期にかぎらず多くの女性が悩んでいる冷えですが、50代になると「ひどくなった」という声が一気に増えます。とくに手足の冷えがきついという方が多く、冬になるとパンツと足首のちょっとしたすき間でも気になるようです。

わたしは20代からインナーのインストラクターの仕事をしていましたが、その当時は、そうした切実なお悩みが理解できず、よく「あと20年くらいたてば、あなたにもわかるわよ」といわれたものです。あれから30年近くたち、いまは身をもってよくわかるようになりました（笑）。

のぼせ・ほてりで汗トラブル

更年期症状としておなじみなのは、のぼせ、ほてり、多汗ですね。顔や体がカーッと熱くなる、気温に関係なく汗がダラダラ流れて止まらなくなる、という症状が一般的ですが、上半身は熱いのに下半身は冷たい「冷えのぼせ」もあります。

インナーに関していえば、「冬の寒い日にモコモコの肌着を着て出かけたら、あたたかすぎて汗をかいたのがそのまま冷えて、体調が悪くなってしまった」「夏の暑い日に肌着なしで出かけたら、冷房下で急に冷えて体調が悪くなり、途中で帰ってきてしまった」といった話もよく聞きます。

50代から増える肌トラブル

若いころには平気だった化学繊維なのに、年齢とともにかゆみが出るようになった、インナーのタグがチクチクするようになった……そんな経験はありませんか？

40代～50代の肌は若いころより敏感になっています。こんなお悩みのある方も多いでしょう。

・乾燥しやすい
・抵抗力が弱くなり、しっしんなどができやすく、回復しにくい
・ハリやうるおいが不足し、弾力性がなく、やわらかくなる
・知覚過敏で、ちょっとした刺激にも反応する

以前、ショーツの縫《ぬ》い目がどうしても気になるという50代くらいの方がいました。ショーツのわきは、足口のゴムやウエストゴムの端が縫い合わされているところで、どうしても縫い目がごろつきやすいのです。しっかりした縫製《ほうせい》のショーツはとくにゴロゴロ

してしまい、ガードルなどを重ねると、かゆい、赤くなるということでした。
このようなお悩みはめずらしくなく、実際、50代以上の方にとても多いのです。

困りものの尿トラブル

尿もれは40代の女性の3人に1人以上が経験しているそうです。せきやくしゃみをしたときや大笑いしたとき、スポーツをしているときに起きる困った症状です。

とくに出産経験のある女性には悩んでいる方が意外に多いものです。

もう10年以上前の話ですが、勤務していた下着メーカーで、年配の方に生理用ショーツがたくさん売れる時期がありました。それも、生理用ショーツはもういらないと思えるような年齢の方に売れるのです。

不思議に思っていたところ、当時発売していた生理用ショーツはクロッチ（股部《また》）の防水がしっかりしていて、尿もれ対策ショーツを買うよりも恥ずかしくないからという理由で売れていると聞きました。本来の目的とは違う使われ方で売れていて、なんとも複雑な気持ちになったのを覚えています。

以前は下半身の症状はなるべく知られたくない話だったのでしょう。最近はテレビのコマーシャルでも多くの尿もれ対策商品を見かけるようになりました。世の中の考え方が変わってきたのはうれしいことです。

体の健康を守ってくれるアンダーウエア

身に着けるもので体調は変わる

このような体調の変化やお悩みを踏まえて、見直したいのが体の健康を守ってくれるインナー、ショーツや肌着などのいわゆる「アンダーウエア」です。

ブラジャーなどのように体型を補整するものではないので、どんなものでもさほど変わらないと思っている方も多いようです。

たとえば、ショーツ。人間はオムツを外したときからずっとショーツをはいているので、いちばん身近なインナーですね。でも、小さいころから着用しているからこそ、適当に選んでしまっていないでしょうか。

人間の体調は、どんなものを着用しているかによってかなり変わってきます。

その体調も年代によって変化があるわけですから、着けるインナーの種類も年代に合わせて替えたほうがずっと快適に過ごせるでしょう。

ショーツ、肌着、ボトムなどのアンダーウエアには「体を汚れや寒さ、暑さから守り、衛生的に保つ」という重要な役割があります。最近は高機能インナーも増えています。上手に選べば、体調の変化を気持ちよく乗りきることができます。

50代からの女性の体調変化に対応させて考える前に、これらのインナーの基本的な役割を整理しておきましょう。

ショーツの役割——体をきれいに保つ

ショーツのいちばんの目的は「体の汚れをとり衛生的にする」ということです。

とくに女性のショーツでいちばん気にしてほしいのは、クロッチ部分の素材です。ちゃんとしたものなら、汚れをきれいに吸いとってくれる綿などでできています。

デザインが気に入っても、**クロッチがナイロンやポリエステルなど吸水性のない素材でできているものは避けてください。**汚れがとれにくく、膀胱炎《ぼうこうえん》や婦人科系の病気などになりやすいのです。

形も重要です。ヒップにちゃんとフィットして、ずれにくいもののほうが汚れをとってくれるでしょう。

冷え対策も考えれば、ヒップのお肉をきちんと包みこめる大きさで、はきこみは深めのほうがいいですね。最近は腹巻きつきやハイウエストのショーツも人気があります。

肌着の役割――保温して冷えを防ぐ

肌着も健康を守ってくれるインナーです。寒暖の差が激しく、湿気が多い日本では、肌着は欠かせません。肌着は汗や汚れを吸いとり、体をあたたかく保ってくれます。それによって、わたしたちの体を守り、風邪《かぜ》などの病気にかかりにくくしてくれます。

肌着は季節によって役割が違います。冬などの寒い時期に活躍するのは袖つきの肌着。第一の目的は保温です。以前は「ババシャツ」などといわれ、おしゃれじゃないと若い世代に嫌われていましたが、最近は年代に関係なく着る方が増えました。うれしいことです。

寒さを防ぐのなら、上に着るものを1枚増やすより断然、肌着ですね。保温効果が違います。

上に着るものは肌に密着しないので、その内側の空気は、動くとすぐに逃げてしまいます。その点、肌着は肌に密着して、動いても空気が逃げにくいので、薄くても保温性が高いのです。

保温するための肌着は、トップスだけでなくボトムもあります。ショーツの上に重ねてはくものですが、着用している方は少ないのではないでしょうか。あまりおしゃれなイメージがないかもしれません。でも**ヒップまわりの冷えを防ぐにはとても効果的**なのです。

「女の子はお尻を冷やしちゃだめ」とは昔からいわれていることで、ヒップまわりが冷えると、女性は婦人科系の病気にかかりやすくなるようです。冷え性で悩んでいる女性はヒップまわりをあたためるとかなりラクになります。

最近は、ガードルのようなサポート機能があるものや、薄くてアウターにひびかないもの、かわいいデザインのものまで、さまざまなものがあります。

お腹とヒップまわりをいっしょにあたためられるボトムは、腹巻きよりもおすすめです。

腹巻きつきのボトムもあります。

最近はガードルをはかない女性が多いようです。**健康のために、薄手のボトムをはいてみましょう。**

夏の冷房対策にもボトムはとても心強い味方です。効きすぎの冷房は腹痛、頭痛、肩こり、腰痛、食欲不振、疲労感、だるさなど、さまざまな不調を引き起こします。

オフィスで長時間仕事をしている方や車で移動する時間が長い方などは、多かれ少なかれ、こういう不調に悩んでいるのではないでしょうか。

こうしたつらい症状もボトム1枚でかなりラクになると思います。薄手のものならアウターにひびく心配もありません。

夏の肌着の役割――汗とりで涼しくさらさらに

肌着は涼しく過ごす目的にも使われます。それが夏に着る肌着です。

最近は、テレビCMなどで「着ているほうが涼しい」などのフレーズを聞きますが、まさにそのとおりで、夏用の肌着は着ているほうが涼しさを感じるようにつくられているのです。

着て暑苦しいと感じるものは、夏の肌着の役割を果たしてないということですね。

夏、肌着を着て暑苦しいと感じるとしたら、汗を吸ってくれない、汗を発散してくれない、蒸れて通気性がないというような肌着でしょう。

夏の肌着のもっとも重要な機能は、「快適に汗と汚れを吸いとってくれる」ということです。

夏に肌着を着ずにシャツ1枚でいると、汗が吸いとられないのでべたつきます。それだけでも不快ですが、そのまま冷房のきいた場所へ行くと、今度は体が冷え、風邪をひきやすくなります。

また、夏は汗の量も多く、雑菌《ざっきん》もつきやすくなるので、肌トラブルの原因となります。汗をかいたままだと、体臭《たいしゅう》も気になりますね。

場所によって寒暖の差が激しく、においに敏感な人が多い現代には、**夏用インナーは欠かせないもの**になっています。

それでは、トラブルの原因となる汗をかかないようにすればいいのでは？　と思われるかもしれませんが、汗はわたしたちの健康を守るうえで大切な働きをしているのです。汗をかくことで体温が調整されているのです。気温が上昇すると体温も上昇しますが、上がりすぎないように汗を出して体の表面を冷やしてくれるのです。

最近の夏は猛暑日も多く、熱中症の予防が必要です。「こまめに水分をとりましょう」といわれるのは、汗をかいて体温の上昇を防ぐためなのです。

熱中症になったことがある方はわかると思います。わたしも一度経験があります。炎天《えんてん》下《か》で持っていた水を飲み干してしまい、しばらく水分をとれずにいると、ダラダラかいていた汗が突然止まったのです。

とたんに肌が乾燥しはじめて、まもなく頭痛と吐き気に襲われました。

暑いときには水分をとって、汗をかきつづけることが大切なのですね。その汗を気持ちよくかくためにも、肌着は欠かせないものでしょう。

不調改善のためのインナープランニング

高機能インナーもいろいろ

では、年代ごとの不調に合わせて、どのようなアンダーウエアをもつべきか見ていきましょう。図8はわたしが考えるおもな不調別アンダーウエアプラン表です。

たとえば、50代でほてりや肌の乾燥が気になる方は、夏は汗対策のキャミソール、冬は天然素材インナーで肌ケアをしてください。60代で冷えがきつくなってきた方は、冷え対策のはきこみ深めショーツやボトムを着用し、キャミソールなどは避けるようにするとい

<table>
<tr><th></th><th>不調</th><th colspan="4">冷え対策</th><th colspan="2">汗対策</th><th>肌ケア</th></tr>
<tr><td>10代</td><td>ほとんどない</td><td></td><td rowspan="7">袖つきインナー</td><td></td><td></td><td rowspan="5">キャミソール</td><td rowspan="7">わき汗パッド、消臭機能・速乾機能などがついたインナー</td><td></td></tr>
<tr><td>20代</td><td>冷えを感じやすくなる</td><td rowspan="6">はきこみ深めショーツ</td><td rowspan="6">ボトム</td><td></td><td></td></tr>
<tr><td>30代</td><td>冷え、肌の乾燥などが気になるようになる</td><td rowspan="5">保温機能がついた機能性インナー</td><td rowspan="5">天然素材インナー、うるおい成分配合インナー、無縫製・タグなしインナー</td></tr>
<tr><td>40代</td><td>インナーの跡が気になるようになる</td></tr>
<tr><td>50代</td><td>急なほてり、多汗などの更年期症状が出る。窮屈感が気になる</td></tr>
<tr><td>60代</td><td>体温調節がしにくくなり、暑さ、寒さに弱くなる。窮屈感が嫌になる</td><td></td></tr>
<tr><td>70代～</td><td>体温が低くなり、体が冷えやすくなる</td><td></td></tr>
</table>

図８　不調別アンダーウエアプラン表

いと思います。

また、表にもあるように、最近は、消臭機能つきやうるおい成分配合など、さまざまな新素材が開発されています。年代と不調に合わせて素材を選ぶと、より気持ちよく毎日を過ごすことができるでしょう。

アトピーなど敏感な肌の方をのぞいて、10代のころはインナーの肌ざわりはあまり気になりません。子どものインナーは、おしゃれ優先で選んでもあまり差し支えはありません。でも、20代ごろからだんだん体調が変化してくるので、そのつど対応するインナーを選びましょう。

不調知らずの健康ボディをつくるおすすめインナー

図8の不調別アンダーウエアプラン表に合わせて、どのようなインナーを選べばいいかを具体的に見ていきましょう。

最近のインナーの機能性の進歩には本当に目を見張ります。50代からの女性にターゲットをしぼり、実際の声をもとに、細やかな気配りが盛りこまれた商品もたくさんあります。

そのなかからわたしが実際に使用して、よかったと思う商品をご紹介しましょう。

冷え対策にはあたたか保温インナー

ユニクロ「ヒートテック」

いわずと知れたインナーですね。このインナーの登場で、長袖肌着を「ババシャツ」と呼ぶ人がいなくなったのではないでしょうか。肌着をただの防寒アイテムからファッションアイテムに変えたのはすごいと思います。

いまや年代に関係なく、冬になると長袖インナーを着用していますね。体温を保持するのは健康を守る基本ですから、うれしいことです。

このインナーのすばらしいところは、「ババシャツ」をおしゃれに進化させただけではありません。**冬でも体から出るわずかな汗を吸収して熱エネルギーに変え、その熱を溜めこむことができる**のです。

インナーは「軽くて」「薄くて」「あたたかい」のがいちばんですが、それを科学的な素材で実現したということですね。

毎年少しずつ進化していて、最近では、あたたかさに段階が設けられ、ふだん用、極寒地用など使い分けができるようになりました。

ただし、汗をたくさんかくようなスポーツのときのインナーとしてはあまりおすすめできません。体が汗をかいて冷やそうとしているときに、かえって体をあたためてしまうからです。あくまで保温したいときに着用してください。

グンゼ「キレイラボ」ウエストシームレスショーツ

「ショーツが冷え対策？」と思う方もいると思いますが、はきこみが深く、圧迫感のないショーツは子宮《しきゅう》付近をしっかり覆ってくれるので、保温と血行促進に非常に効果があるのです。

おへその指3本分下の部分にあるツボを丹《たん》田《でん》といい、ここをあたためると婦人科系の不調にいいともいわれています。丹田をカバー

ユニクロ「ヒートテック」

するくらいはきこみが深く、ウエストゴムなどで圧迫しないショーツを選びましょう。

このショーツはウエスト部分の生地に伸びる糸を編みこんでいますので、食いこみがなく、段差もできにくい優れものです。

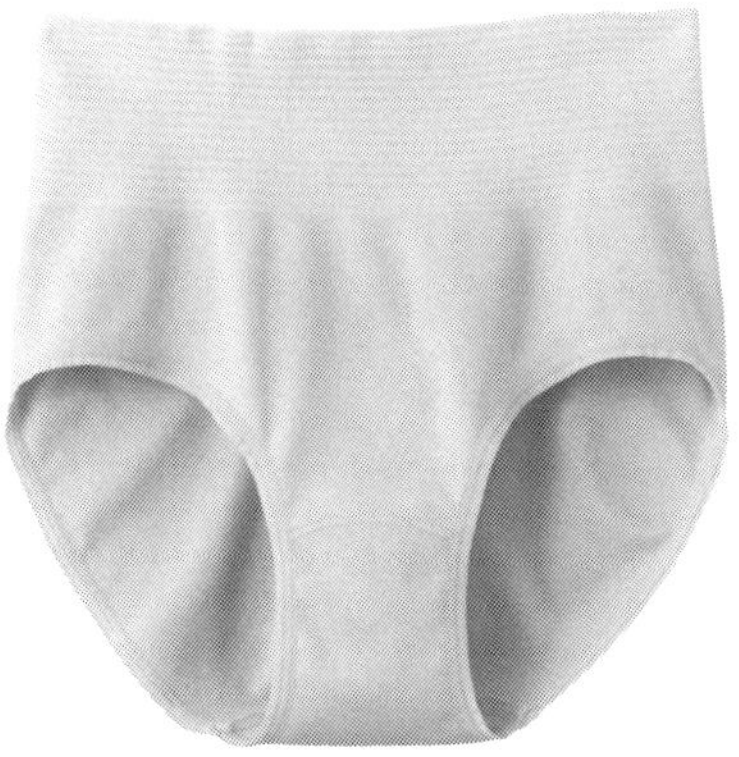
グンゼ「キレイラボ」ウエストシームレスショーツ

汗対策には涼インナー

ユニクロ「エアリズム」

ヒートテックと並んでユニクロの代表的なインナーですね。まさしく「着ているほうが涼しいインナー」です。

最大の特徴は極細の繊維でしょう。速乾性があり、汗をかいてもすぐに吸収・発散してくれるので、肌とインナーのあいだはいつもサラサラです。

そのほかにも消臭や接触冷感などのさまざまな快適機能があり、とても便利なインナーです。汗とりパッドがついているタイプもあります。

肌ケアには縫い目フリー＆化粧品インナー

❦グンゼ「キレイラボ」完全無縫製インナー

「完全無《む》縫製《ほうせい》」ということからもわかるように、縫い目がありません。特殊な接着剤で貼りつけていて、洗濯してもはがれないのです！

ユニクロ「エアリズム」キャミソール

グンゼ「キレイラボ」完全無縫製インナー　八分袖インナー

トリンプ「フロラーレ・バイ・トリンプ905」 七分袖トップ

また、**商品タグがなく**、品質表示は布地に直接プリントされています。

年齢を重ねて肌が敏感になっていくと、ちょっとしたことが肌ストレスの原因になるので、このようなストレスフリーのインナーはうれしいですね。

トリンプ「フロラーレ・バイ・トリンプ905」（化粧品インナー）

下着業界で初めて「化粧品」として販売可能なインナーが登場しました。「ラフィナン」という特殊繊維を使っています。

弱酸性の化粧品成分である「リンゴ酸」をうるおい成分として生地に配合することで、肌のpH《ペーハー》バランスを健康な状態に保ってくれるのです。

「着ることで肌荒れを防ぐ」とうたう**〝化粧品インナー〟**です。とくに乾燥が気になる50代以上の女性の冬の肌には効果がありそうですね。

わたしもパジャマの下に着ていますが、毎年必要だったお風呂上がりのボディクリームが必要なくなりました。

天然素材はおすすめか？

なお、肌が敏感な方には天然素材を使用しているインナーもおすすめですが、ショーツのクロッチをのぞけば、必ずしも「綿１００％」「シルク１００％」などでなければならないというわけではありません。

たとえば、綿１００％の衣類を洗濯して干すと、ほかの素材にくらべて乾きにくいですよね。

つまり、**綿１００％は汗をよく吸収しますが、水分は発散しにくい**のです。

ですから、自然素材を活かしながら化繊も使われている「ポリエステル混紡」などのほうがいい面もあります。素材にもよるので、商品ごとにどのような工夫がされているかをチェックしてみてください。

また、シルク１００％はたしかに優れた面がたくさんあるのですが、体によい上質なシルクは価格やお手入れを考えると、ふだん使いにはあまり向いていないかもしれません。

第4章

正しい選び方・着け方できれいにスタイルアップ！

ボディサイズを測り直しましょう

3キロ変わればブラは合わなくなる

きれいに健康になるために、ここからはぴったりサイズのインナーを見つける方法をくわしくお話ししましょう。

大切なのは試着をすることです。でもその前に。まずは、メジャーを使ってサイズを測りましょう。

ほとんどの方が悩んでいるのはブラジャーのサイズだと思いますので、まずはブラジャーからご説明します。

ところで、バストのサイズはどれくらいの頻度《ひんど》で確認していますか？「買い替えるたびにしている」という方、すばらしいです！　でも、もう何年も測っていないという方も少なくなさそうです。

「わたしのサイズはＢ70」となったら、なぜかずっと、〝自称Ｂ70〟の方が多いのです。

でも、体重が3キロ変われば、これまでのブラジャーは合わなくなると思ってください。
さあ、測り直しましょう！

トップ、アンダー、ウエスト、ヒップを測る

自分では案外むずかしいので、お店でブラジャーを購入するときに測ってもらうのがいちばんです。できれば何も着ない状態で直接測ったほうがいいですが、気になる方は薄手の肌着などの上からでも大丈夫です。

アンダーバストはちょっときつめに、トップバストはちょっと余裕をもって測ります。

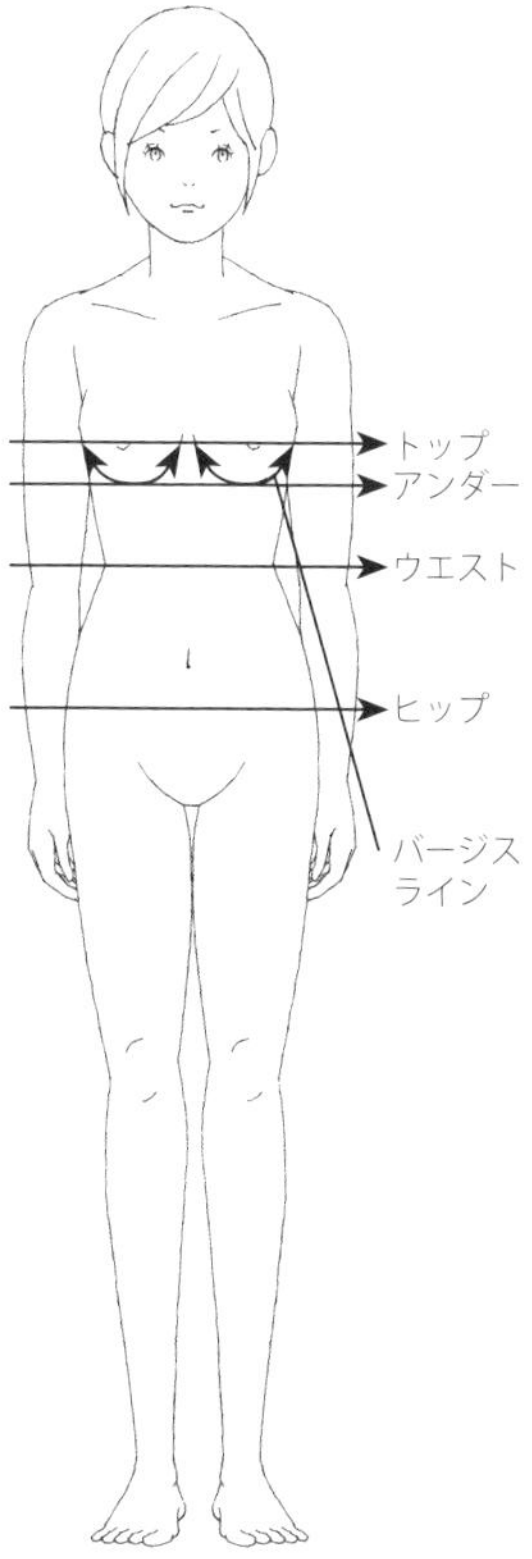

図9　ボディの測り方

このときいっしょに、ウエスト、ヒップも測っておきましょう。自分のサイズがわかっていれば、ガードルなどの試着の目安になります。

ブラのカップはトップとアンダーの差で決まる

図10の上の表Aに見覚えのある方も多いのではないでしょうか。下着コーナーの試着室によく貼ってあります。

ブラジャーはアンダーバストサイズとカップサイズで表示されています。そしてカップサイズは「アンダーバストとトップバストの差」で決まっています。

Aカップ：10センチの差
Bカップ：12・5センチの差
Cカップ：15センチの差
Dカップ：17・5センチの差

というように2・5センチ刻みでカップサイズが変わるのです。

たとえば、アンダーが70センチで、トップが85センチだったら「C70」という具合になります。

ブラジャーサイズ表A（cm）

ブラジャーサイズ	A65	B65	C65	D65	E65	F65
トップバスト	75	78	80	83	85	88
アンダーバスト	65（63～67）					

ブラジャーサイズ	A70	B70	C70	D70	E70	F70
トップバスト	80	83	85	88	90	93
アンダーバスト	70（68～72）					

ブラジャーサイズ	A75	B75	C75	D75	E75	F75
トップバスト	85	88	90	93	95	98
アンダーバスト	75（73～77）					

ブラジャーサイズ	A80	B80	C80	D80	E80	F80
トップバスト	90	93	95	98	100	103
アンダーバスト	80（78～82）					

ブラジャーサイズ	A85	B85	C85	D85	E85	F85
トップバスト	95	98	100	103	105	108
アンダーバスト	85（83～87）					

ブラジャーサイズ表B（cm）

トップバスト（cm）	アンダー（cm）					
	65	70	75	80	85	90
75.0	A65					
77.5	B65					
80.0	C65	A70				
82.5	D65	B70				
85.0	E65	C70	A75			
87.5	F65	D70	B75			
90.0	G65	E70	C75	A80		
92.5	H65	F70	D75	B80		
95.0		G70	E75	C80	A85	
97.5		H70	F75	D80	B85	
100.0			G75	E80	C85	A90
102.5			H75	F80	D85	B90
105.0				G80	E85	C90
107.5				H80	F85	D90
110.0					G85	E90
112.5					H85	F90
115.0						G90
117.5						F90

サイズ表示例

アンダーバスト　70
トップバスト　85

C70

アンダーバスト
カップサイズ

図10　ブラジャーサイズ表A、B

ちょっとわかりにくいと思われる方は、図10の下の表Bを参考にしてください。アンダーとトップからわかる早見表です。

アンダーとカップはたすき掛けの関係

試着してアンダーベルトがきつくてサイズを変えるときなどに、とにかく覚えておいていただきたい基本をひとつお伝えします。

アンダーバストとカップサイズの関係

・アンダーを下げたらカップは上がる（例：B75→C70）
・アンダーを上げたらカップは下がる（例：B75→A80）

たとえば、トップが88でアンダーが75、その差が13センチとなるBカップの方を考えてみましょう。

トップが88のまま、アンダーを70に下げる＝トップとの差が18センチと大きくなるので、より深いカップが必要となりカップサイズがCに上がります。

トップが88のまま、アンダーを80に上げる＝トップとの差が8センチと小さくなるので、より浅いカップになってカップサイズがAに下がります。

飲みこんでしまえば当たり前の話ですが、ちょっとややこしく感じる方は、「アンダーとカップはたすき掛けの関係」とだけ頭に入れておいてください。

「アンダーが上がるなんて、太ったみたいで悔《くや》しい」

「カップが小さくなるなんて、胸が小さくなったようで悲しい」

と感じてしまう方が多いようですが、大切なのは着ていて気持ちよく、見た目にもきれいであることです。タグの表示はだれにも見えませんから、気にしないでいきましょう。

サイズが同じでもブラは違う？

「これでサイズがわかったからOK」とばかりに、試着せずに購入できると思った方、ちょっと待ってください。これはあくまで「目安サイズ」です。

たとえば、同じ「B75」のブラジャーでも、じつはメーカーやブランドによってアンダーベルトの長さが違うのです。

75センチというのは、商品を平置きしたときの長さではなく、「アンダー75センチの方が着用できる」ということだからです。

実際、売り場で違うメーカーのブラジャーを平置きして比べてみれば、長さの違いは一目瞭然《いちもくりょうぜん》だと思います。

なぜこうなるかといえば、素材やデザインなどによって伸縮性が異なるからですね。当然、**着用感やフィット感も大きく変わってきます。**

ですから、**同じ「B75」でも自分にフィットするかどうかは、着けてみなければわからないのです。**

試着がどんなに大切か、わかっていただけたでしょうか。

きれいな胸をつくるブラジャーの選び方

2~3枚試着してフィット感をくらべる

次に、試着の方法にいきましょう。「え？　ただ着ければいいんじゃないの？」と思った方、じつはちょっとしたコツがあるのです。

まず、**試着をするときは目安サイズと前後のサイズ**をいっしょに持って試着室に入ってください。

たとえば目安サイズがB75でしたら、前後のカップサイズであるA75とC75も試着してみるのが理想的です。

伸縮性の違いを考えるなら、他のメーカーの同サイズも試着してみると、フィット感がよりわかりやすくなると思います。

面倒なら、せめて1つ上のカップサイズC75だけは試着してみてください。

1枚だけの試着では、インナーによくありがちな「こんなものかしら症候群」におちいってしまいがちなので、**くらべることが大事**なのです。

バストをブラの中に「落としこむ」

では、着用方法です。下着メーカーがおすすめする着け方にはさまざまありますが、ここでは簡単なやり方をご説明します。

ブラジャーの着け方

1ストラップに腕を通して、前かがみ（90度のお辞儀のイメージ）になってホックをとめる

2そのままの姿勢で、カップとストラップのつけ根を持ち、バストをゆらゆらさせてカップに落としこむ

3体を起こしてストラップを調整し、背中のアンダーベルトを引き下げる

お店などで「わきや背中の脂肪もカップの中におさめましょう」とアドバイスされた方も多いかもしれませんね。自分でできるならぜひやっていただきたいのですが、後述するように、これがけっこうむずかしいのです。

そこで私は2の「（前かがみの姿勢のまま）バストをゆらゆらさせてカップに落としこむ」というやり方をおすすめしています。この方法は50代以上のバストがやわらかくなった方には、簡単で効果的なのです。

「ゆらゆらさせる」といっても激しく揺らすわけではないので、下垂などの影響はないでしょう。

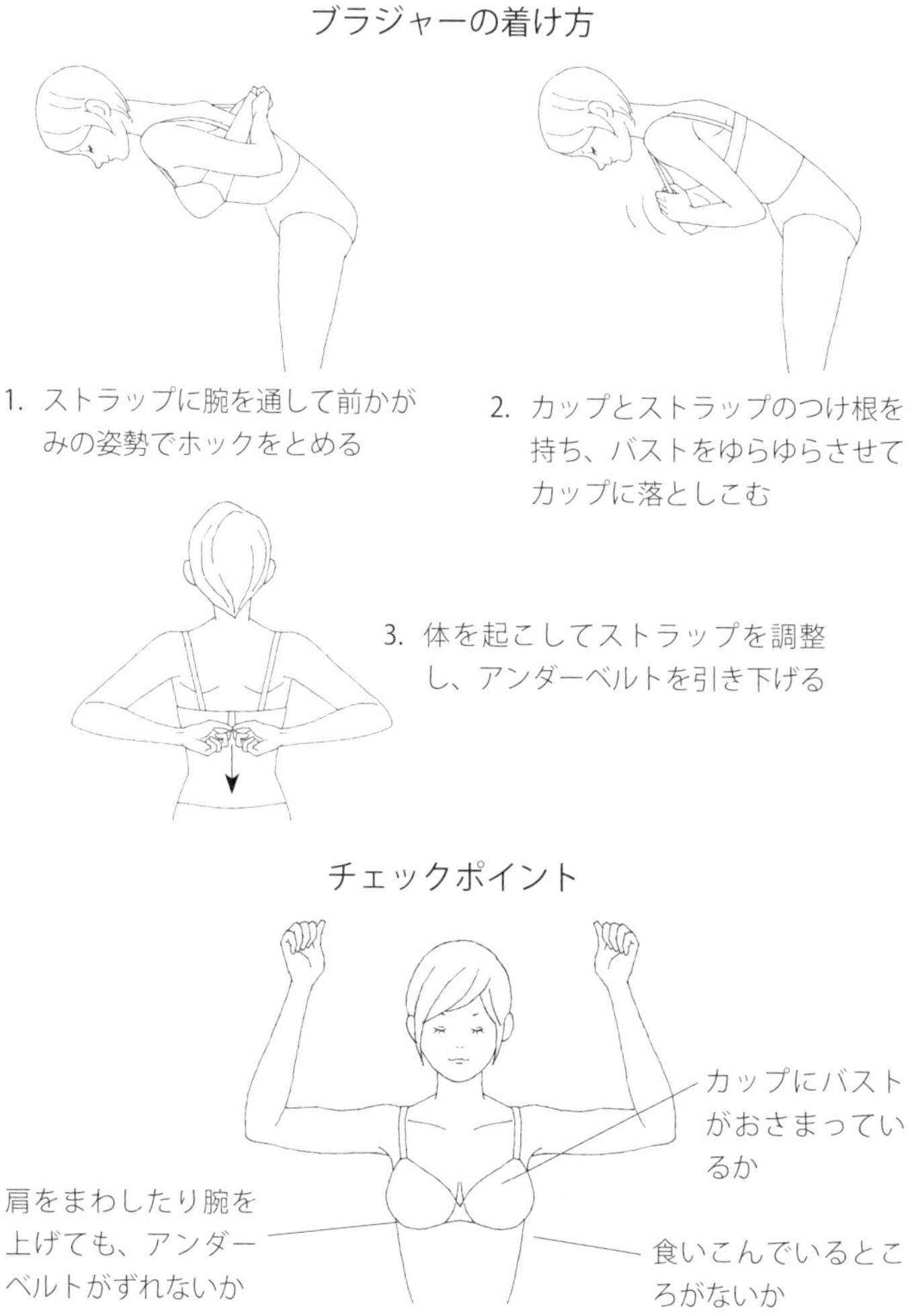
ブラジャーの着け方
1. ストラップに腕を通して前かがみの姿勢でホックをとめる
2. カップとストラップのつけ根を持ち、バストをゆらゆらさせてカップに落としこむ
3. 体を起こしてストラップを調整し、アンダーベルトを引き下げる
チェックポイント
カップにバストがおさまっているか
肩をまわしたり腕を上げても、アンダーベルトがずれないか
食いこんでいるところがないか

図11　ブラジャーの着け方とチェックポイント

「体に合っているか」を3点チェック

ブラジャーを着用したら、さっとチェックしましょう。ポイントは3つです。

チェックポイント

・肩をまわしたり腕を上げても、アンダーベルトがずれない
↓ずれる場合はアンダーサイズを小さくする
・カップにバストがおさまっている
↓はみ出るようならカップサイズを上げ、パカパカするなら下げる
・食いこんでいるところがない
↓あるならアンダーかカップのサイズを大きくする

アンダーベルトがずれないかどうかはとくに気をつけてください。人間の皮膚でいちばん伸びるところはお尻ですが、その次がわきの下なのです。ブラジャーがずれるときはわきの下からずれるのです。

インナーは毎日着けるものです。自分できれいに着用できるよう心がけたいですね。

インナー選びはフィッティングが命

直接肌に触れるインナーは、アウター以上に着心地が気になります。本当は試着して、店員にサイズを確認してもらって選ぶのがいちばんなのですが、現状は試着せずに購入する女性が多いのです。

ワコールが1万人の女性におこなった前出のアンケートによると、ブラジャーを購入するときには「採寸も試着もしないことが多い」と答えた人は、過半数を超えて58・1％に上っていました（2011年2月「からだと下着に関する1万人白書」）。

「試着はちょっと……」と敬遠するのは、「面倒だから」「服を脱がなければいけない」「店員に見てもらうのは恥ずかしい」といった理由があるからでしょう。

それに加えてわたしが思うのは、**フィッティングの上手な店員が少ない**から、ということです。意を決して面倒な試着をしても、「やっぱりやってもらってよかった」と思えないなら、もう試着しないでしょう。

以前、百貨店と専門店のフィッティングについて、独自に調べたことがあります。

22店のお店を調査し、百貨店と専門店の11店ではわたし自身もフィッティングを頼みました。でも、店員のフィッティングが上手だと感じたのは2店だけでした。

どのお店でも、店員がお客様の肌に触れることをためらっているように見受けられました。お客様に不快感を与えることなく、肌に触れ、きちんとサイズを見極めることができてこそプロなのですが……。

また、百貨店や専門店はフィッティングサービスがあり、試着室の中にいるお客様にお声かけもしていますが、実際に試着している人数はそう多くはありません。

お客様への対応をていねいにしているのが、百貨店や専門店であることはわかります。ですが実際の試着人数は少なく、お客様が進んでアドバイスを受けているかは疑問なのです。

ピーチ・ジョンというブランドは、お客様から「見てほしい」といわれないかぎり、試着中にアドバイスはしないことになっています。でも、かえってそのほうが気軽に試着できるようで、最終的には試着人数も多いのだそうです。おかしな現象ですよね。

きちんとフィッティングができ、信頼できる店員に出会った方は、下着を買うときは必ずその人に見てもらうと決めていることが多いようです。女性にとっては心強いことだと思います。そういうプロがもっと増えてほしいものです。

ぐんとバストアップする効果的な着け方

着け方次第で3センチは変わる⁉

ブラジャーは毎日着けるものなので、バストラインがよりきれいになるよう着けたいですよね。まず、次ページの写真を見てください。

わたしの友人（撮影時は40代です）にモデルになってもらって撮った写真です。同じブラジャーを着けた状態を横から撮影しました。左の写真は彼女が自分のやり方で着用したもの、右は私の方法で着用したものです。

バストトップの位置が全然違いますよね。右のほうがかなり高くなっています。どちらが若々しく、スタイルよく見えるかは一目瞭然です。

ブラジャーはちゃんと着けるかどうかで、バストアップにこんなに差がつくのです。

では、ブラジャーの効果的な着け方を教わったことはありますか。勇気を出してインナ

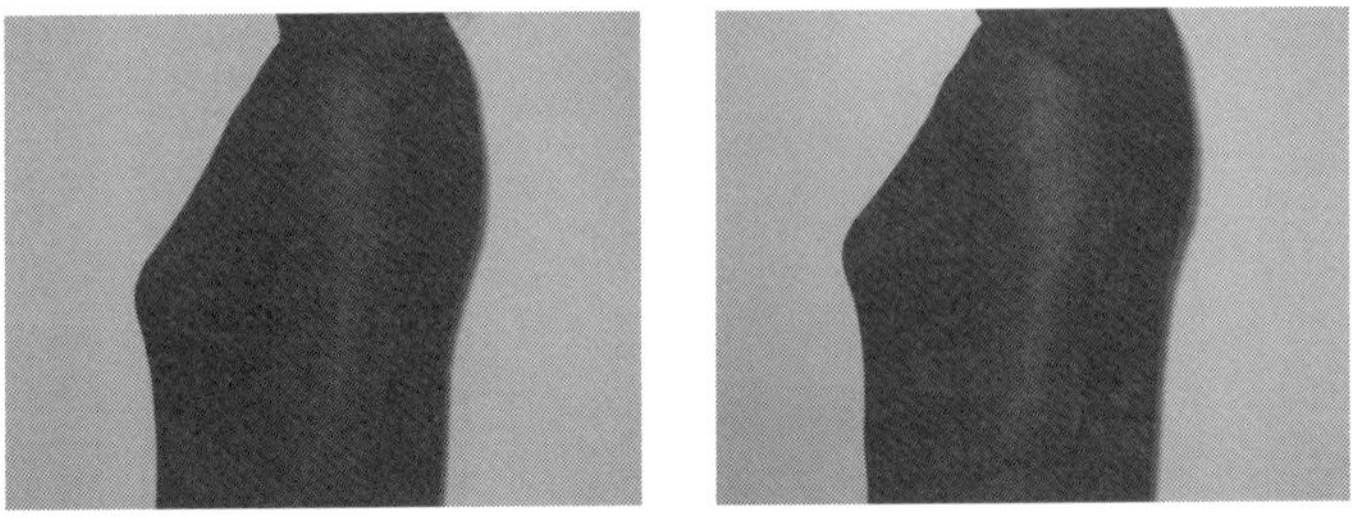

図12　ブラの着け方でこんなに違う（右＝著者のやり方で着用）

ーのお店で相談して、店員から教わるくらいでしょうか。

よく聞くのは「わきから寄せるんでしょう？　わかっているけど、面倒だからやらない」という声です。ブラジャーの着け方というと「わき寄せ」がひとり歩きしているように思います。

でも、待って！　**寄せるよりも大事なことがあるのです。**では、その着け方を見ていきましょう。

バージスラインに合わせる

まず、大事なのは**ブラジャーを正しい位置に着けることです。**「当たり前でしょう」と思いますよね。でも、ブラジャーがあるべき場所についていないことは意外に多いのです。

ブラジャーの位置がそもそも正しいかどうかを確認するには、**ワイヤー部分がバストのバージスライン**（バストの下の外周ライン。１０９ページの図９参照）**に合っているかどうかを見ましょう。**

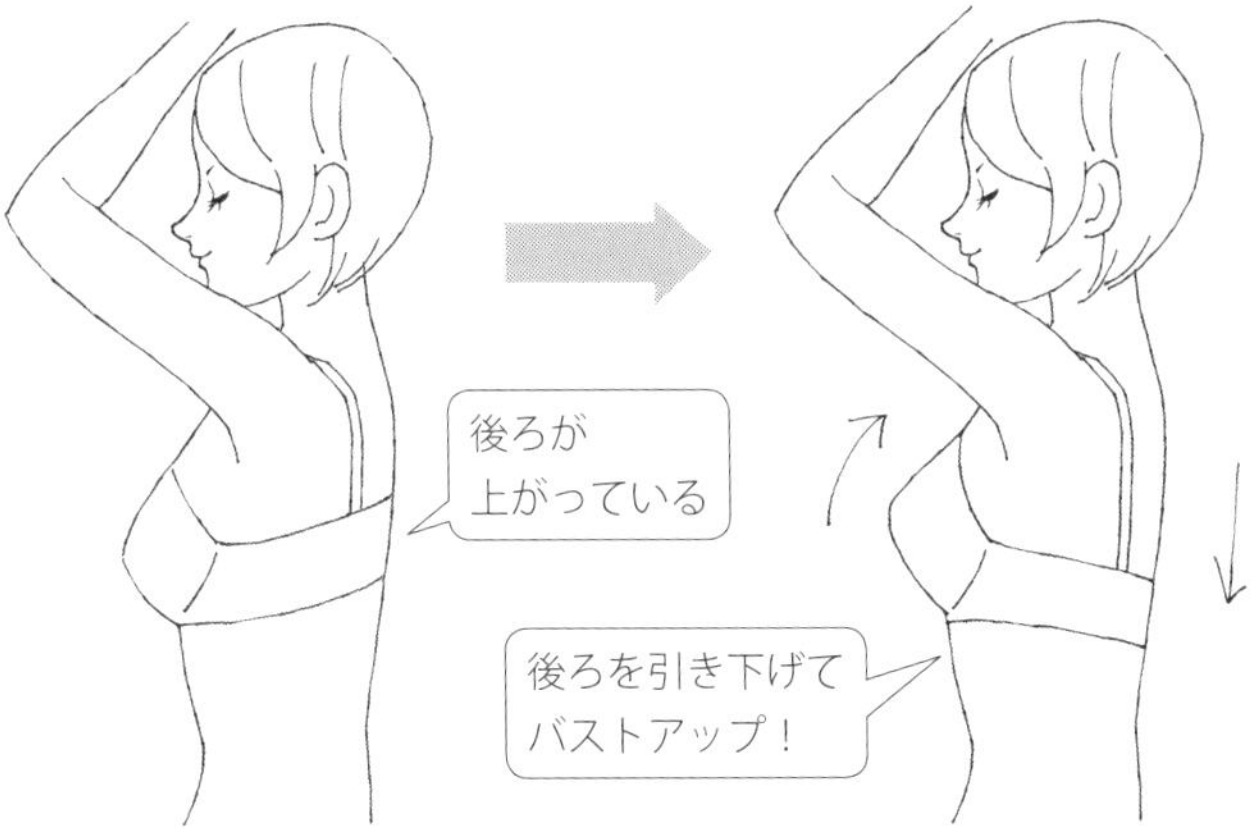

図13　横から見たアンダーベルトの位置

上がりすぎるとワイヤーがバストの上にのってしまい、バストをつぶしてしまいます。下がりすぎるとバストトップが下がり、バストラインがきれいになりません。

バージスラインは胸とバストの境目ですが、わかりにくいときは、人差し指を伸ばしてバストの下に横に当て、押し上げてみましょう。指の上にバストがのる位置がバージスラインです。

アンダーベルトを引き下げる

また、横から見たところを鏡に映して、アンダーベルトの位置をチェックしてみてください。後ろが上がっていませんか？

後ろが上がると、前が下がります。この状

態で着けつづけると、力が前のワイヤー部分に集中してかかり、前かがみの姿勢になりやすく、バストトップが下がってしまいます。

私の経験からいうと、気づかずにブラを前下がりに着けてバストダウンしている方は結構多いのです。背中のアンダーベルトを引き下げる際には、「ちょっと引き下げすぎかな？」と感じるくらいで、ブラはちょうどいい位置になります。

先にも書きましたが、正しいバストトップの位置は、手を体の真横におろして、肩とひじの中間の高さです。バストダウンした位置に慣れた目には、バストがほんの少し持ち上がりぎみのように映るかもしれませんが、ご心配なく。

バストをちゃんとカップに入れる

お店でもよくいわれる着け方「わき寄せ」は、こんなやり方です。

左のバストのわきに右手を入れて、バストを中央に寄せます。わきまで流れている脂肪もカップの中におさめる気持ちで寄せてください。反対側も同様におこないます。

でも、この動作の最中にアンダーの位置がバージスラインからずれてしまって、せっかく寄せてもバストアップしていない状態になる方が意外に多いのです。アンダーベルトが動かないように押さえながらバストを入れることがポイントです。

ただ、わたしがフィッティングで接してきた50代以上の方のなかには、腕が上がらない、腕が後ろにまわらないなど、きれいに着けたくてもできない方もいました。そんな状態で「わきに手を入れて……」というのはたしかに無理ですよね。

そこでわたしは117ページの図11のような「前かがみになってカップにバストを落しこむ」方法をおすすめしています。50代以上の女性の肉質はたいていやわらかくなっているので、わきに手を入れなくても意外ときれいにバストがカップにおさまるのです。

ストラップの調整を忘れずに

ブラジャーを買ったときにだいたい合わせるだけで、ストラップなんて調整しないという方、案外多いのではないでしょうか。

ストラップはバストの重さがかかるので、とくにサイズが大きい方や細いストラップのブラジャーのときは気をつけたほうがいいでしょう。あらためて**調整してみると、バストトップの位置が変わるのが自分でもわかります。**

調整の目安は、ストラップの下に指を1本入れ、するすると動くくらいの余裕があるのがちょうどいいです。きつすぎると、肩に負担をかけてしまい、肩こりの原因になることもあります。

毎日着けているブラジャーですが、ちゃんと着けることは、意識しないとなかなかできないものです。

でも、ちょっと気をつけて習慣にしてしまうと、バストラインは見違えるほどきれいになります。自分のバストラインの変化にびっくり、感激してしまうかもしれません！

着用感もずっとラクになるので、自然に胸を張りたくなりますね。

パッドを使ってバストをもっと美しく

カップのすき間に、きれいな形に

合うサイズのブラジャーをきちんと着用しても、バストにフィットしない場合があります。そのときに活用してほしいのがバストパッドです。

さまざまな形や素材のものがあり、上手に使うとバストの形がよりきれいになります。必ずアンダーのサイズがフィットしているブラジャーといっしょに使用しましょう。アンダーがゆるいと、動いたときにずれたり落ちたりすることがあります。

バストの大きさが左右で違うとき

片方はカップにぴったり合っているのに、もう片方がパカパカしている場合です。服を着て目立たなければ気にすることはありません。

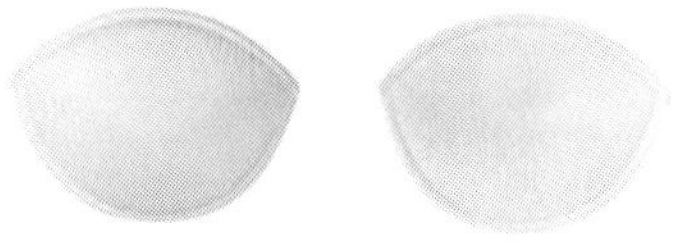

ワコール　ハーフカップパッド

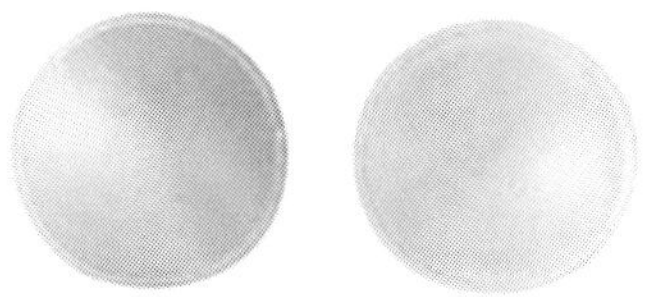

ワコール　トップパッド

目立つ場合は、大きいバストサイズに合わせてブラジャーを選び、小さいほうをバストパッドで補整します。カップの下辺部に入れて、パッドの上にバストを置くように使います。パッドで下からバストをボリュームアップする感じです。

最近はとり外しできるパッドがついているブラジャーもありますので、片方だけパッドを外して着用することでも対応できます。形はハーフカップパッドが使いやすいでしょう。

ワコール　ハーフカップパッド

バストトップが気になるとき

薄い服のときには、ブラジャーを着けてもバストトップがアウターにひびかないか、気になることがあります。そんなときはトップパッドを使いましょう。

ワコール　フルカップパッド

トップを覆うだけでなく、バストライン全体がきれいになります。

ワコール　トップパッド

カップのシワが気になるとき

カップ部に厚みがない、薄いブラジャーは、フルカップタイプに多く見られます。バスト自体でバストの丸みを出すブラジャーなので、圧迫感がなくぴったり合うととてもきれいなラインになります。でも、ぴったり合わないとシワがよりやすいのです。

サイズ表示例

ウエスト 61〜67
ヒップ 83〜93

64 ← ガードルのサイズ

（単位cm）

ガードルサイズ	58	64	70	76	82
ウエスト	55〜61	61〜67	67〜73	73〜79	78〜86
ヒップ	79〜89	83〜93	86〜96	89〜99	91〜103

ガードルサイズ	90	98	106	114	122
ウエスト	86〜94	94〜102	102〜110	110〜118	118〜126
ヒップ	94〜106	97〜109	100〜112	103〜115	106〜118

図14 ガードルサイズ表

そんなときはフルカップパッドで整えましょう。サイズや着心地が変わらないよう、薄いパッドがおすすめです。

ワコール フルカップパッド

美ヒップをつくるガードルの選び方・はき方

ヒップサイズに合わせればきつくない

ここまでブラジャーのサイズと着け方などをご説明してきました。今度はガードルとボディスーツ、ボディシェイパーについてお話ししましょう。

つい思い違いをしてしまいがちですが、ガ

ードルはウエストを細くするというよりも、むしろお腹を押さえながらヒップの丸みをきれいに整えるものなので、**ガードルはヒップに合わせて選びましょう。**

ガードルのサイズには、ウエストとヒップの2つが表示されています。ウエストサイズ、つまりスカートやパンツを買うときのサイズでガードルを選んでしまいがちですが、それではヒップがきつくなってしまうことが多いのです。

図14のとおり、ガードルサイズは58、64、70……と飛び飛びの数値になっています。たとえばウエスト66、ヒップ89の方がガードルサイズの数値を見て、「70は大きすぎるから」と64のほうを選ぶときつく感じてしまいます。なぜならヒップ89は、ガードルサイズの58、64、70、76の4つにあてはまるからです。ヒップの許容範囲はかなり広い幅で設定されているのですね。

インナーはきついと感じたらワンサイズ大きいものを着けたほうがいいのです。この場合も、人によっては70ではなく76になるかもしれません。

ブラジャーと同じく、デザインや素材にもよるので、ガードルもやはり試着が大切ですね。

後ろにずり下がるならワンサイズ上にする

自分の目安のサイズを選んだら、ブラジャーと同じように、前後サイズと合わせて試着しましょう。くらべることで、自分に合ったサイズかどうか判断しやすくなります。

ガードルのはき方

1ガードルのウエスト部と足口を折り返して、上まで引き上げる
2折り返した部分を戻す
3ヒップに手を入れ、太ももに流れていた脂肪をヒップへ持ち上げる

3の太ももに流れた脂肪を引き上げるときは、できればショーツの中に手を入れ、じかに肌をつかんで引き上げると効果的です。

最近は、ショーツに重ねばきせず、一枚ばきをすすめるガードルも増えています。ガードルのクロッチの布がショーツのようになっているタイプです。

きれいにはけているかどうか、次のポイントをチェックしましょう。

チェックポイント

・ウエストや太ももに段差がないか
・苦しく感じるところはないか
・屈伸してみて、後ろがずり下がらないか

あてはまるものがあれば、もうひとつ上のサイズを試着してみましょう。逆にゆるすぎてガードルにシワが寄るようなら、小さいサイズに替えたほうがいいですね。

せっかく買っても、苦しいガードルははきたくなくなってしまいます。きちんと体に合ったガードルは苦しくなく、ほどよいホールド感でヒップまわりがピシッと締まり、むしろはいていて心地よいものです。自分の感覚を大事にして選びましょう。

きれいなヒップになれば、パンツ姿にも自信が持てますね。

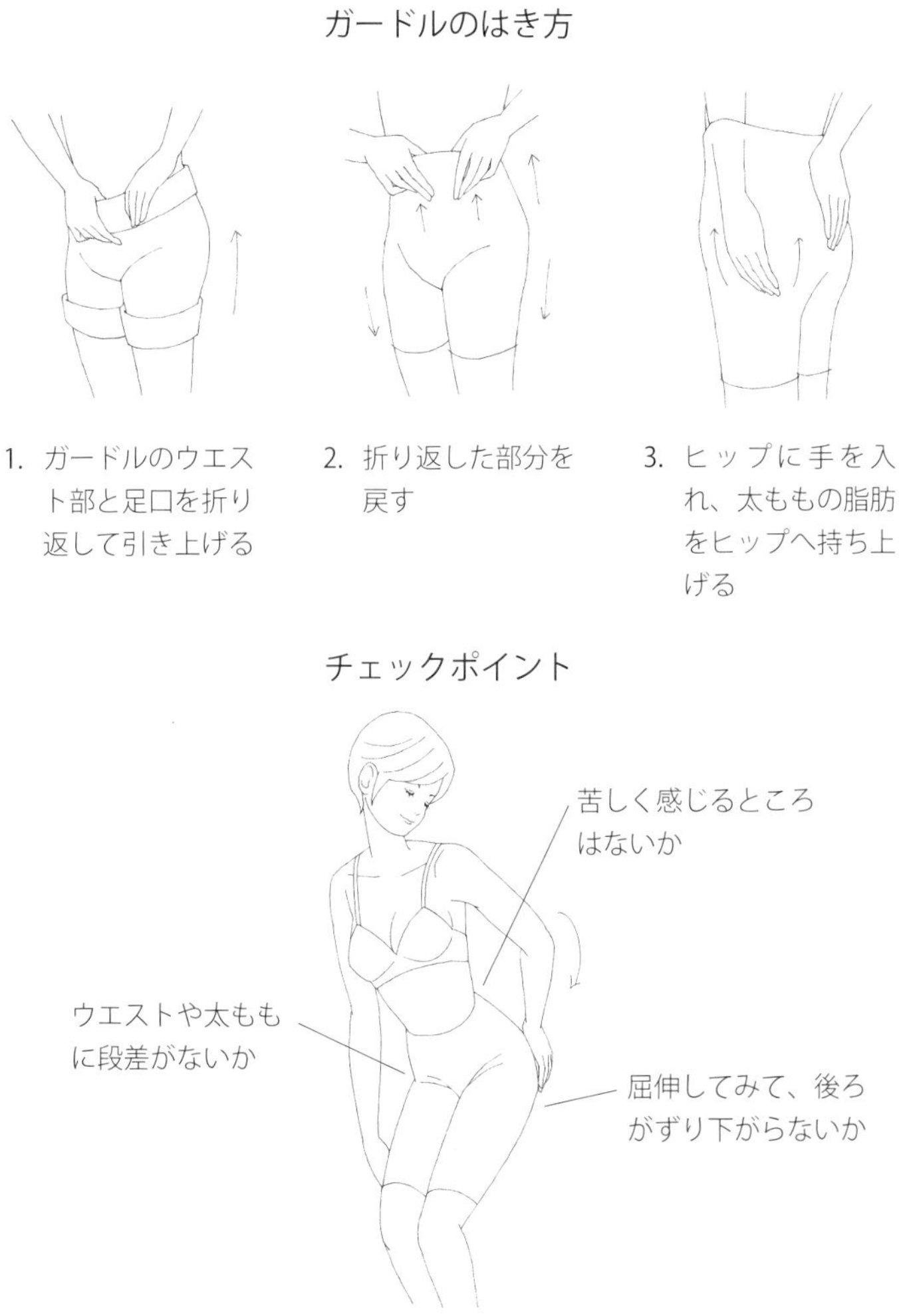
ガードルのはき方
1. ガードルのウエスト部と足口を折り返して引き上げる
2. 折り返した部分を戻す
3. ヒップに手を入れ、太ももの脂肪をヒップへ持ち上げる
チェックポイント
苦しく感じるところはないか
ウエストや太ももに段差がないか
屈伸してみて、後ろがずり下がらないか

図15　ガードルのはき方とチェックポイント

ボディラインがきれいになるボディスーツの選び方・着け方

ボディスーツ選びはむずかしい！

ボディスーツは1枚で「バスト〜ウエスト〜ヒップ」を整えてくれます。使いこなせれば、こんなに便利なインナーはありません。

でも、ブラジャーに比べると、着用している方は少ないですよね。なんとなく「窮屈そう」「着けるのが面倒」「サイズがわからない」という理由からではないでしょうか。

私の経験からいうと、**小さめのサイズを選んでいる方が多いと感じます。**ウエストまわりのお肉が気になって着用する方が多いので、どうしてもウエストを引き締める小さめサイズを選んでしまうのです。

でも、ボディスーツはウエストを細くするものではありません。**バスト〜ウエスト〜ヒップ全体を、お肉の段がついていないなめらかなラインにするために着る**のです。

Aカップ		ヒップ				
アンダーバスト	バスト	82～90 S	87～95 M	92～100 L	97～105 LL	102～110 3L
65	75	A65S				
70	80	A70S	A70M			
75	85	A75S	A75M	A75L		
80	90		A80M	A80L	A80LL	
85	95			A85L	A85LL	
90	100			A90L	A90LL	A90 3L
95	105				A95LL	A95 3L
100	110					A100 3L

Bカップ		ヒップ				
アンダーバスト	バスト	82～90 S	87～95 M	92～100 L	97～105 LL	102～110 3L
65	78	B65S				
70	83	B70S	B70M			
75	88	B75S	B75M	B75L		
80	93		B80M	B80L	B80LL	
85	98			B85L	B85LL	
90	103			B90L	B90LL	B90 3L
95	108				B95LL	B95 3L
100	113					B100 3L

Cカップ		ヒップ				
アンダーバスト	バスト	82～90 S	87～95 M	92～100 L	97～105 LL	102～110 3L
65	80	C65S				
70	85	C70S	C70M			
75	90	C75S	C75M	C75L		
80	95		C80M	C80L	C80LL	
85	100			C85L	C85LL	
90	105			C90L	C90LL	C90 3L
95	110				C95LL	C95 3L
100	115					C100 3L

Dカップ		ヒップ				
アンダーバスト	バスト	82～90 S	87～95 M	92～100 L	97～105 LL	102～110 3L
70	88	D70S	D70M			
75	93	D75S	D75M	D75L		
80	98		D80M	D80L	D80LL	
85	103			D85L	D85LL	
90	108				D90LL	D90 3L
95	113					D95 3L
100	118					D100 3L

Eカップ		ヒップ			
アンダーバスト	バスト	82～90 S	87～95 M	92～100 L	97～105 LL
70	90	E70S	E70M		
75	95	E75S	E75M	E75L	
80	100		E80M	E80L	E80LL
85	105			E85L	E85LL

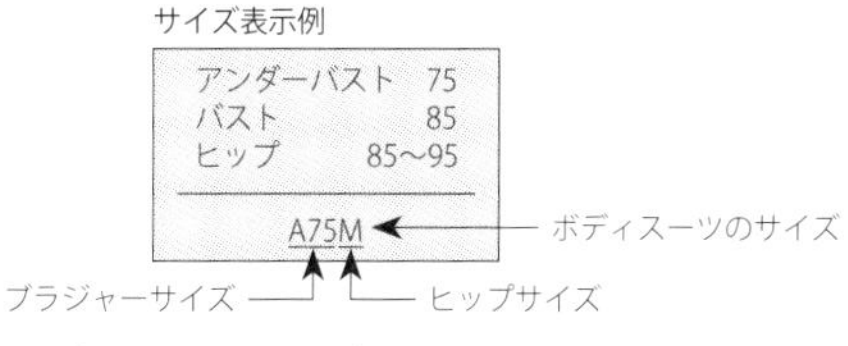

図16　ボディスーツサイズ表

ウエストを締めることを目的にサイズを選ぶと、バストもヒップも小さくなることが多く、お肉がはみ出ます。着丈《きたけ》にも余裕がなく、下に引っ張られ、バストダウンしてしまうのです。

こうなると窮屈で、思ったほどスタイルよくはならない、残念なインナーになってしまうわけです。

大きめサイズのほうがフィットする

ボディスーツのサイズ表示には、アンダーバスト、バスト、ヒップ（＝ショーツ）の3つのサイズとボディスーツのサイズが書かれています。

B75Mなら、「ブラジャーサイズB75で、ショーツMサイズの方に適したサイズ」という意味ですが、ここに「着丈」の表示はありません。そこまで細かくは設定されていないのですね。

だから、ぴったりしたサイズを探すのはブラジャーよりもむずかしく、そのため、「試着」が重要になるわけです。

試着してみて、ウエスト部分にちょっとでもシワが入っていると、サポートできていないように思われるかもしれません。でも、座ったり、腕を上げたり、日常の動きを考えてサイズを選ぶことをおすすめします。

ウエストに少しシワがあるくらいのサイズのほうが、動くときに生地に余裕ができて、カップ部分が下に引っ張られません。トイレでも簡単にクロッチのホックのとり外しができます。それでいて、もちろん、ボディラインをなめらかにしてくれます。

サイズ表示はブラジャーを基準にしているものの、**ブラジャーよりも大きいサイズを選んだほうが気持ちよくスタイルアップしてくれる**と思ったほうがいいでしょう。

ボディスーツは、補整力によってソフトタイプ、ミディアムタイプ、ハードタイプに分かれています。最近は素材の開発が進み、パワーがあり伸縮性もある生地がたくさんできており、B75Mのような細かいサイズではなく、M・L・LLのようなサイズ展開のものも多くあります。

もちろん、より補整効果を求めるならサイズ表示が細かいものが効果的ですが、初めてボディスーツを試される方なら、**まずはM・L・LLサイズからはじめる**のをおすすめします。

「前上がり、後ろ下がり」に着ける

ボディスーツを着る際のコツは「前上がり、後ろ下がり」に着けるということです。ボディスーツを着けている方に多く見受けられるのが、バストラインが下がってしまうこと。やはり、下に引っ張られた状態で着けている方が多いのです。

正しい着け方をご説明しましょう。

ボディスーツの着け方

1クロッチのホックをとめ、ボディスーツの上半分を折り返してはき、ウエストまで引き上げる

2ヒップに手を入れて、太ももに流れていた脂肪をヒップへ持ち上げる

3カップをアンダーバストまで引き上げ、ストラップに腕を通してから、前かがみになってカップの中にバストを落としこむ

4体を起こしてストラップを調整し、背中の部分を引き下げる

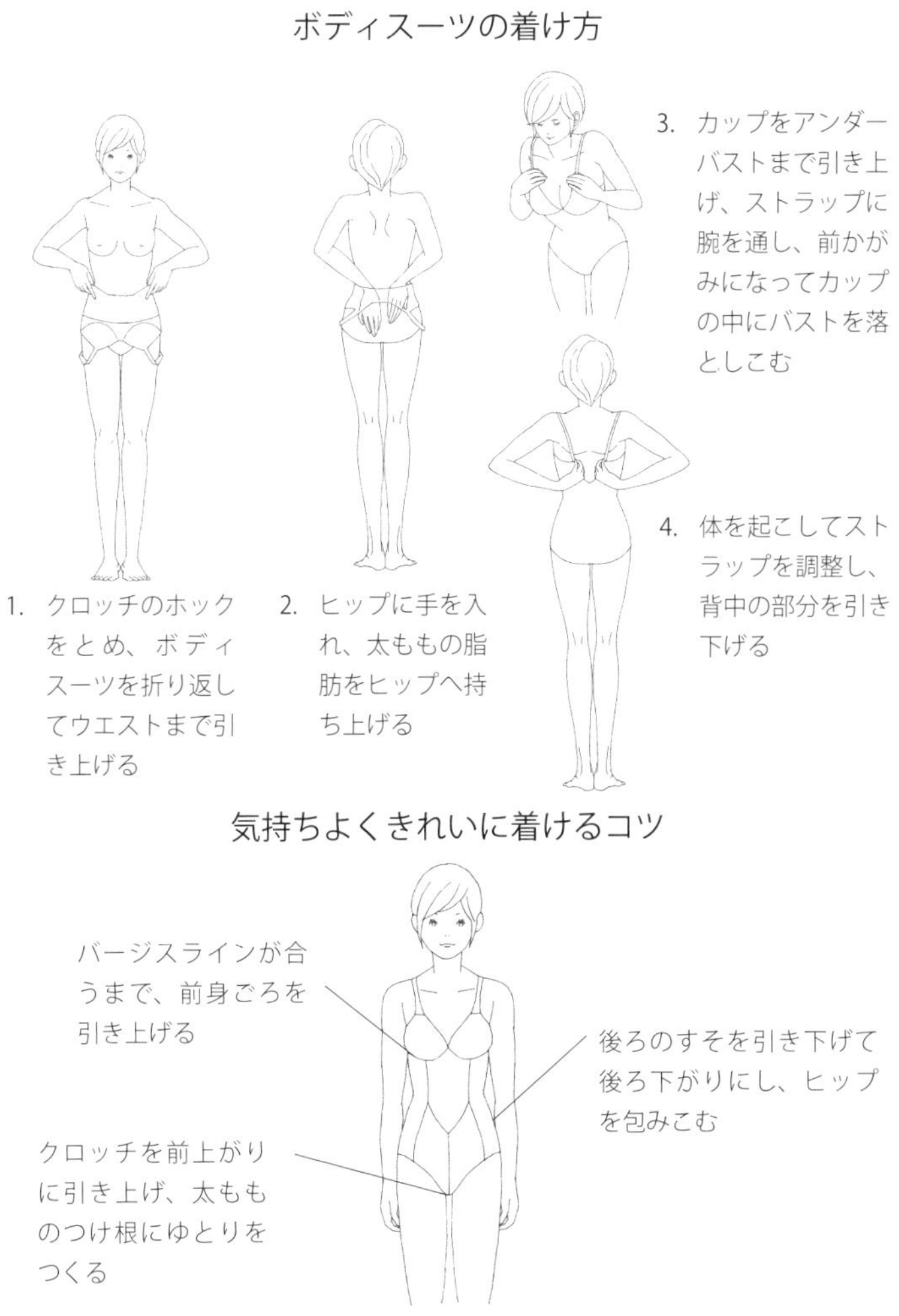
ボディスーツの着け方
1. クロッチのホックをとめ、ボディスーツを折り返してウエストまで引き上げる
2. ヒップに手を入れ、太ももの脂肪をヒップへ持ち上げる
3. カップをアンダーバストまで引き上げ、ストラップに腕を通し、前かがみになってカップの中にバストを落としこむ
4. 体を起こしてストラップを調整し、背中の部分を引き下げる
気持ちよくきれいに着けるコツ
バージスラインが合うまで、前身ごろを引き上げる
後ろのすそを引き下げて後ろ下がりにし、ヒップを包みこむ
クロッチを前上がりに引き上げ、太もものつけ根にゆとりをつくる

図17　ボディスーツの着け方とコツ

基本的な着け方はこのとおりですが、着用中にバストが下がらないよう、また、気持ちよく着用できるよう、ボディスーツにはこんなひと工夫をしましょう。

気持ちよくきれいに着けるコツ

・後ろのすそを引き下げて後ろ下がりにし、ヒップをしっかり包みこむ
・クロッチを前上がりの位置に引き上げ、太もものつけ根にゆとりをつくる
・バージスラインとカップがきちんと合うまで前身ごろを引き上げる（同時に、わきの部分もしっかり引き上げる）

これで、バストが下がらず、トイレでの着脱もラクなはずです。

ラクラク補整できるボディシェイパーの選び方・着け方

身長に関係なくフィットさせやすい

ボディシェイパーはボディスーツと似ていますが、足もとからはくように着けるタイプと上からかぶるように着けるタイプ、カップつき・カップなしなど、さまざまな形があります。いずれもクロッチ（股部）がないのが特徴です。そのため使い勝手がよく、活用範囲もぐんと広がります。

サイズの選び方はボディスーツと同じです。サイズ表示がB75Mなら、「ブラジャーサイズB75で、ショーツMサイズの方に適したサイズ」という意味です。

ボディスーツはホックで止めるクロッチがありますので、身長が高い方は下に引っ張られ、肩こりやバストダウンになることがあります。一方、身長が低い方は、ウエスト部分がもたついたり、アンダー位置が高すぎて、わきに当たって気になるという方もいます。しかし、クロッチがないボディシェイパーは、いわば下が切りっぱなしなので、**身長の高い方も低い方もサイズが合わせやすい**のです。

ボディスーツのつけ方のひと工夫にあった、

「バージスラインとカップがきちんと合うまで前身ごろを引き上げる（同時に、わきの部分もしっかり引き上げる）」

というポイントだけに気をつければ大丈夫。あとは、自然にフィットさせれば気持ちよく着用できます。

動いているうちに下に引っ張られることがないため、バスト位置が下がりにくく、バストラインをきれいに保てます。また、トイレでの着脱の必要がないことも便利ですね。

ボディシェイパーとロングガードルの合わせ技

ただ、クロッチがないことで、ヒップ部分の補整はあまり期待できません。腰まで生地があるものが多いのですが、ヒップ全体を包みこむわけではないので、ヒップアップ効果はありません。また、着用しているうちにずり上がるという声もときどき聞きます。

そんなときは、ガードルとの併用がおすすめです。とくにヒップラインが気になる50代からの女性はロングタイプのガードルと併用することで、ボディ全体だけでなく、太ももまで補整できるからです。

また、ずり上がるという方には、ガードルの下に、人によってはショーツの下に、ボディシェイパーを着用することをおすすめします。

つまり、いちばん下にボディシェイパーを着けて、上にショーツとガードルを着用するのです。状態をイメージするとちょっと変かもしれませんが（笑）、そのほうがトイレでも簡単だし、ずり上がる心配はより少なくなります。

身長が高くて、あるいは低くてボディスーツが合わない方、太ももいっしょに補整して、よりきれいな体型になりたい方、いままでボディスーツを着用して、肩こりや圧迫感、バストが下がるなどの不満を感じていた方、そのような方には一度試していただきたいインナーです。

素敵なインナーをどこで見つけますか

お店と通販をうまく使い分ける

みなさんはいつもインナーをどこで買いますか？

スーパー？　専門店？　百貨店？　最近はネット通販やテレビショッピングという方も多いのではないでしょうか。

わたしは短期間ですが、実際にスーパー、専門店、百貨店の売り場に立ってみたことがあります。それぞれ立場は違いますが、中に入ると売り場の仕組みがわかり「だからこうなっているんだ！」と実感したものです。

内側と外側から見たそれぞれの特徴をあげますので、うまく使い分けて、お得にきれいになりましょう。

スーパー――買いやすい価格帯、ＰＢ商品も充実

売り場はかなりオープンで、下着売り場といえども、男性や子どもでも気軽にそばを通るので、じっくり見て選ぶという雰囲気ではありません。売り場の店員はレジでの会計にいそがしく、インナーのアドバイスをしてくれるところは少ないでしょう。

もともとアドバイスできる知識があるかどうかも疑問です。何か聞いても商品の場所とサイズのことくらいしかわからないのが普通だと思います。スーパーの店員にインナー選びのアドバイスは期待しないほうがいいでしょう。

スーパーのお客様は主婦層が多いため、品ぞろえは低価格から中価格が中心です。ブラジャーなら１５００～３０００円台くらいでしょうか。

下着メーカーはスーパー向けの買いやすい価格帯のブランドを展開しています。

試着室はありますが、カーテンがいつ開いてしまうかと不安になるような簡易的なもの

なので、じっくり落ち着いてというわけにはなかなかいきません。

【メリット&デメリット】

商品の品ぞろえはかなり充実しているところもあり、さまざまなメーカーのものを一度に見ることができます。

スーパー独自のPB（プライベート・ブランド）商品などもあり、安価なのに機能性が高いインナーもあります。イトーヨーカドーなどで扱っている「セブンプレミアム」やイオンの「トップバリュ」などが有名ですよね。

たくさんの商品があるぶん、ひと目でどこに何があるのかわかりにくいのが難点です。それに正直、売り場に高級感があるとはいえません。価格帯からして、それはしかたないのかもしれません。

でも、ほしいものが決まっていて、サイズがわかっていれば、スーパーで購入するのはとてもお得だと思います。

専門店――知識やフィッティング技術はまちまち

駅ビルなどに入っている専門店で下着を購入される方も多いでしょう。若い人のあいだでは、ピーチ・ジョンやトリンプの「アモスタイル」などが人気ですね。また、レースにこだわる方であれば、インポートの下着専門店でお気に入りのお店があるかもしれません。

専門店は、その名のとおり、下着を専門に販売しているお店です。特定のメーカーやブランドを扱っていることが多いです。

スーパーとは違い、比較的落ち着いて試着できる試着室もありますし、店員も知識のある方が多いので、下着の悩みなども相談できます。ただ、お店によって店員の知識やフィッティング技術はまちまちです。

わたしは一時期、全国展開の下着専門店で店員に下着の知識やフィッティング技術を指導するインストラクターをしていました。各店舗の代表を対象にした講習会で講師をつとめたり、各店舗をまわってお客様へのアドバイスやフィッティング技術を現地で指導したりしていたのです。

その専門店でも店員のキャリアはバラバラで、5年以上勤務している方もいましたが、パート勤務で、キャリアは1～2年という方がいちばん多かったと思います。フィッティングに自信を持っている店員は少なく、お客様のサイズを見極めることにも慣れていませんでした。積極的にサイズチェックや試着をすすめることもなく、お客様はデザインと価格だけを見て購入していました。

しかし、なかには、お客様のボディを見ただけでサイズがわかってしまうほどのプロがいることもあります。

扱っている商品の価格帯もお店によってまったく違います。ブラジャー+ショーツのセットで2000円前後からというような若い女性向け商品が中心のお店もあれば、インポート下着中心でブラジャーは2万～3万円が当たり前というお店もあります。

当然のことですが、高級下着を扱っているお店のほうが、店員の下着知識やフィッティング技術は高いという傾向はあります。

【メリット&デメリット】

下着のアドバイスを受けることはできますが、スーパーのようにたくさんのメーカーから自由に選ぶのはむずかしく、また、アドバイスされると、気に入らなくても、「買わなくては……」という気持ちになってしまうという方もいます。

一方、最近では下着専門店といっても「気軽さ」を意識して、若い女性が入りやすいようにしている店もあります。たとえばピーチ・ジョンは、先述のとおりお客様からご要望がないかぎり、アドバイスやフィッティングはおこないません。

その専門店によってさまざまな特色があるので、気に入ったインナーが見つけられたら、また似たようなものが探せますし、店員と仲良くなれれば、下着のお悩みなども相談できます。

百貨店――購入できるメーカーは決まっている

百貨店の女性下着売り場は、たいてい3階か4階フロアの奥まったところにあります。下着はナイティ（寝間着）などといっしょに一カ所に集められているのですが、やはりメーカーによって担当の店員が決まっていて、たまたま声をかけた店員がA社の担当ならA社のものしかすすめません。

店員はしっかり教育を受けているらしく、下着に関する知識は豊富で、ちょっと売り場エリアに入るとどんどん話しかけてきて、ていねいに接客してくれます。

でも、フィッティング技術はまちまちで、やはりキャリアを積まないとフィッティングは上手にならないのかなと思います。

【メリット&デメリット】

高価格の商品が多く、ブラジャーは５０００円くらいからです。ディスプレイもきれいで高級感がある雰囲気で、インナーの華やかさや優雅さを感じることができます。

高価格が気にならず、きれいな下着を気分よく、じっくり選びたいという女性には最高の場所だと思います。

百貨店で販売されているインナーを安く手に入れたいと思うなら、最上階などの催事場でよく開催されている期間限定の「インナーセール」がおすすめです。

このようなセールでは、高級ブランドのインナーが半額くらいまで値引きされていることもあり、とてもお買い得です。

簡易的なセール会場なので、ディスプレイに高級感はなく、店員もあまりアドバイスはしてくれません。でも試着室はありますので、ほしいインナーがあり、自分でサイズが判断できるなら、利用しない手はないでしょう。

ファストファッション――基本はM・L・LLサイズ商品

そのほかにも最近は下着が購入できるお店がありますね。ユニクロやしまむらなど、ファストファッションと呼ばれる形態のお店です。

もともとがインナーを専門に扱っているお店ではないので、下着のアドバイスはほとんど受けられません。

扱っている商品もブラジャーならソフトタイプのものが多く、サイズ展開はM・L・LLなど融通《ゆうずう》性があるものがほとんどです。

【メリット&デメリット】

補整機能を求めるなら、やはり体にぴったり合うよう、サイズが細かく分けられている商品を扱っているお店がいいでしょう。

でも、ゆったりくつろぎたいときに着用するようなものを探すなら、ファストファッションの商品は見つけやすいし、価格も手ごろなのでおすすめです。

ネット通販・テレビショッピング――試着せずに買える商品のみ

最近は、お店ではなくネットやテレビ、カタログなどの通販で下着を購入する方も多いのではないでしょうか。店頭で選ぶのは恥ずかしいとか、いそがしくて下着をゆっくり選んでいられないという方には便利です。

いままでに、何度かテレビショッピング番組でインナーの紹介をしました。

1時間、同じ商品を説明するのですが、真夜中の時間帯の番組にもかかわらず、テレビを観ている方からリアルタイムでどんどん注文が入ります。自宅にいながら下着を購入したい方が、本当に多いんだなあと実感します。

【メリット&デメリット】

できるだけ安く購入したいと思う方にとっては、ネット通販やテレビショッピングは同じ商品の価格を簡単に比較できるので便利です。

でも、やはり通販では、「着心地がよいか」「サイズは合っているか」を確かめることができません。基本的に返品できるシステムですが、着てみてから返品するのは面倒ですし、下着だからという理由でためらう方は多いでしょう。もったいないことですよね。

補整力が高いブラジャーなど、パワーがあってサイズが細かく分かれているものは、試着してからの購入が理想的なので、通販はおすすめしません。ただ、お店で試着して、そのときは迷ったけれどあとで買うことにしたというような場合なら、通販は最適だと思います。

手間はかかりますが、これなら自分に合ったブラジャーを確実に、できるだけ安価に手に入れられますよね。しかも、お店に置いてある点数には限りがあるので、通販のほうがほしいカラーが自由に選べたりもします。

試着せずに通販で購入するなら、サイズ展開がM・L・LLなどの融通性があるものをおすすめします。サイズの見当がつきやすいからです。テレビショッピングで販売されているインナーは、ほとんどが融通性のあるサイズ展開のものです。

最近はM・L・LLのサイズ表示のブラジャーが多くなりました。以前にくらべて女性がゆったりしたブラジャーを好むということもありますが、通販で買う人が増えたことも理由のひとつになっているのではと感じています。

お店で買うのと、通販で買うのとでは、どちらにもメリット、デメリットがあります。自分のライフスタイルや、ほしいインナーのタイプなどで上手に活用したいですね。

お気に入りインナーを長持ちさせる方法

お気に入りのインナーに出会えたなら、できるだけ長持ちさせたいものです。とくにブラジャーは立体的に設計されているので、お手入れにはちょっと注意が必要です。洗濯から収納まで、気をつけることをあげておきましょう。

ブラジャーにやさしい洗い方・干し方

ブラジャーを傷《いた》める原因として、まずあげられるのは洗濯です。洗濯したら形が崩れてしまった、ワイヤーが突き出してしまったというような話をよく聞きます。

ブラジャーは品質表示にあるように、基本的には手洗いをおすすめします。

ただ、時間がない、そこまで手間がかけられないという方は、ブラジャー専用の洗濯ネットを使うのがいいかもしれません。**洗濯ネットはブラジャーのカップがつぶれないよう、**

平面ではなく立体タイプを使ってください。

洗濯ネットに入れるときには、次のことに注意してください。

・中に入っているパッドは外します。入れたままにしていると、汗や皮脂《ひし》汚れが残ってしまうことがありますし、干すときに湿り気が残って、雑菌臭《ざっきんしゅう》がつくこともあります。
・後ろのホックはきっちりとめましょう。レースなどに引っかかるのを防ぐためです。
・カップの左右の端を合わせ、ベルト部分は内側に折りこみ、貝のような形の立体をつくって、1枚ずつ洗濯ネットに入れましょう。
・洗濯コースは「手洗いモード」など、なるべくやさしく洗いましょう。

干すときは、ホックをとめたまま、ブラジャーを逆さにしてアンダーベルトを何カ所か洗濯バサミでとめましょう。なるべく重みが全体に均等にかかるようにするのがコツです。アンダーベルトの一方を洗濯バサミではさんでだらんと吊《つ》るす干し方では、水分の重みで素材が伸びて、形も崩れてしまいます。また、両側のストラップを引っかけて干すやり方も、ストラップに重みがかかって伸びてしまいますので避けましょう。

見た目もきれいなゆったり収納

ブラジャーやショーツは小さいので、ほかの衣類といっしょにすると、ついつい引き出しの奥に押しこんでしまったり、どこかにまぎれてしまったりするものです。そうすると、とくにブラジャーはすぐに形崩れしてしまいます。

できれば専用のスペースをつくり、**ブラジャーはカップの形を保つように収納しましょう。**無理にたたむと、形崩れの原因になります。

ショーツは仕切りをつくって1枚ずつ入れるようにすると、「どこにいっちゃったのかしら」と探すことがなくなります。

また、生地《きじ》は洗濯してから数日休ませるほうが回復します。洗濯してからすぐに着用することはくり返さないほうがいいということですね。

同じものばかりローテーションしてしまうのを防ぐためにも、ゆとりのある収納を心がけましょう。おしゃれな下着屋さんのようにきれいに並べると、引き出しを開けるたびに、楽しい気持ちになれそうです。

いつ、どうやって捨てればいいの？

ブラジャーの捨てどきを決めるのは、なかなかむずかしいですよね。ずっと着用しているものはなじみがあるし、破れたりしていなければ、まだまだ使えるような気がするかもしれません。

それでも、やはり替えどきというものはあります。その目安になるのが次のようなときです。

・ストラップやアンダーベルトが伸びてきたとき。こうなると、バストをきれいに見せるというブラジャーの役割が果たせなくなります。

・カップがヨレヨレになってきたとき。服を着たときのバストラインにひびきます。

そうはいっても、こういう変化はある日突然起こるものではないので、気づきにくいかもしれません。

いちばん簡単な方法は、品質表示タグを見ることです。文字が薄れて、読みにくくなっていたら、すでにブラジャーはかなりくたびれていると思っていいでしょう。

また、捨て方ですが、「ブラは捨てにくい」という声に応えて、最近はリサイクルのキャンペーンをおこなっている下着メーカーもあります。

店舗で専用のリサイクルバッグをもらって、捨てたいブラジャーを入れて再度持っていくと、開封されることなく処理されて、環境にやさしい燃料に生まれ変わるそうです。

第5章

大人の女性を輝かせる
インナー活用術

大人の女性がめざす「きれいな体型」とは

着ていてラクなインナーがいい

ここからは、50代からの女性にとってのインナーをもっと掘り下げていきましょう。

はっきりいえるのは、「**20代のころと50代になってからでは、女性がインナーに求めるものは違う**」ということです。考えてみれば、身に着けるものすべてがそうではないでしょうか？

たとえば、靴。

わたしの20～30代は、営業職でお客様に毎日会う仕事をしていたので、見た目がいちばんでした。いそがしいときはハイヒールを履いて走っていました（笑）。

でも、いまはそんなことをすれば大変です。足だけでなく腰も痛めてしまいます。それだけ筋肉がおとろえているということでしょう。

ですから、年齢を重ねるにつれ「履きやすさ」をいちばんに考えて選ぶようになりました。

服もそうです。

ボディラインにぴったりした服を着ることができたのは20代のころ。50代になると、できるだけ体型をカバーできるものを選びます。ゆったりしたラインのものを好むようになるのですね。

体型カバーだけでなく、着ていてラクだからという理由も大きいようです。ウエストや腕まわりを締めつけないものが「ラク」と感じるようになるのです。

では、インナーはどうでしょう。

たいていの方は服と同じような感覚で、「着ていてラク」と感じるものを選ぶようになりますね。でも、うまく選べていますか？

残念ながら、インナーに関しては、機能も体に与える影響もそれぞれ違うので、「ゆったりしたもの＝ラク」とはかぎらないのです。

ほしいのは「メリハリ」ではなく「なめらかさ」

きれいに、しかもラクに過ごすためには、どのようなインナーを選べばよいでしょうか。

まず、ついついやってしまいがちですが、若い女性と同じものを着けても、残念ながら若くは見られません。若く見られたければ、大人の女性としての工夫が必要です。

そして、はっきり申し上げますが、**20代のときと同じ体型に戻りたいと思ってもムリです。**

そもそも、バストがつんと上がって、ウエストが極端にくびれた体型に戻りたいでしょうか。それは不自然で、まわりから見ても違和感があると思うのです。

大人の女性のきれいな体型というのは、「スッキリしていて」「やさしさがある」体型ではないでしょうか。

具体的にいうと「ほどほどの補整力」のブラジャーやガードル、またはボディスーツでできるラインです。バストアップとヒップアップは極端ではなく、それでも、**全体的になめらかなラインが描かれている体型**です。

そんな体型を生み出す、真の大人のインナー活用術をご紹介しましょう。

弱くなった筋肉をやさしくサポート

インナーのラインが目立たないものを選ぶ

年齢とともに筋肉は減り、脂肪が増えてきます。それは体型にもはっきりとあらわれます。肉質がやわらかくなると、ブラジャーやガードルを着用したときに食いこみができやすく、服の上からでもインナーのラインが目立つようになります。

その段差が「老けて」「太って」見える原因なのです。

ですから、まず「インナーのラインが目立たないものを選ぶ」ことを心がけましょう。

次のポイントに気をつけてみてください。

ブラジャー選びのポイント

・アンダーベルトが太い
・ストラップが太い
・バストをしっかり包みこむカップ

ガードル選びのポイント

・ロングタイプ
・はきこみが深い

「なんとなくおしゃれじゃない」感じがするでしょうか。でも、やわらかい脂肪をインナーで包みこむと、体型はスッキリ整い、なめらかなボディラインができるのです。服を着たときのスタイルは断然いいはずです。

アンダーベルトが太いと、わきから背中をきっちり押さえてくれるので、段差ができませんし、下着の跡《あと》もつきません。かゆみを感じることも少ないのです。

ストラップは、細いと肩に食いこみます。痛くなることもあれば、へこみができることもあります。肩もこってしまいます。

着用感はどうでしょう。「苦しそう」と想像した方は、きっと窮屈《きゅうくつ》なインナーを着けて苦しいと感じたことがある方でしょう。

でも、**ボディをしっかり覆うことは、必ずしも苦しいことではない**のです。人間には、押さえられて苦しいと感じやすいところと感じにくいところがあります。

たとえば、胃を押してみてください。苦しいですよね。

では、アンダーベルトのわきの部分を押さえてみてください。あまり苦しくないですよね。わきを広い生地《きじ》でしっかり押さえても苦しくないのです。

人体の構造をきちんと考えてつくってあるインナーなら、パワーがある素材でボディを包みこんでも苦しいとは感じられず、むしろ気持ちいいのです。

腰痛にはインナーの適度な「圧」が効く

体に「圧」をかけるとかえってラクに感じる場合もあります。

たとえば、年齢を重ねると、腰痛に悩む方が増えますね。さまざまな原因がありますが、筋肉が弱くなる（おとろえる）ことも大きいでしょう。旅行などで長時間歩くときや乗り物に乗るとき、腰にベルトを巻いて圧を加えている方がいます。

わたしの母は86歳で、いまも元気で旅行にも出かけます。歩くときは必ず腰にサポートベルトを巻いていています。「これを巻くとどこまでも歩ける」のだそうです。

一方、わたしはずっと腰痛知らずで、「腰は丈夫」と思いこんでいました。でも40歳にして初産《ういざん》のあと、初めて腰痛を経験しました。妊娠によって腰まわりの筋肉が伸び、出産後すぐには元に戻らず、腰痛になってしまったのです。

それが、ハードタイプのロングガードルをはくと、子どもを抱きあげるときも痛みを感じなくなったのです。これはどういうことでしょうか。

伸縮性に富んでいてパワーがある生地は、体を支える力があるので、弱くなった筋肉が伸びたり縮んだりするのを助けてくれるのです。それで痛みを感じず、ラクに動けるわけですね。

このように、**筋肉が弱くなった体には、パワーがある生地のサポートがすごく助かるのです。**

また、腰が弱い方は、立ったり座ったりするときに腰をかばうのが、見ていてわかります。それが「老けて」見えることになります。**インナーで筋肉をやさしくサポートすると、動きもスムーズになり、「若々しく見える」**ようになります。

背中をまっすぐにしてくれるボディスーツ

以前、60歳くらいの知り合いのふくよかな女性が「ボディスーツはラクだから毎日着ているの。背中もまっすぐになって気持ちいいの」とおっしゃっていました。

まだ30代だったわたしは、その意味がわかりませんでした。当時は、ブラジャーとガードルを着けたほうが、圧迫感もなくラクだと感じていたからです。

いまならわかります。腰や背中の筋肉が弱くなると、背中をまっすぐに伸ばして、正しい姿勢を保つことがつらくなってくるのでしょう。前かがみの姿勢のほうがラクに感じるのです。

でも、ボディスーツで体を包みこむと、筋肉を全体でサポートしてくれますから、ラクにきれいな姿勢でいることができるわけです。

さらに、やわらかくなった脂肪をなめらかなラインに補整してくれ、姿勢やボディラインをきれいにしてくれるのです。いいことずくめですよね。

「着用感は苦しくないの？」と思われるかもしれませんが、脂肪が多いとクッションの役割をしてくれるのか、痩《や》せている方よりもふくよかな方のほうが圧迫感をおぼえにくいようです。

知り合いの女性は、体型補整のためというよりも、ラクだから着ていたのですね。そのため、サイズはちょっと余裕があるもの、試着してウエストに少しゆとりのあるものを選んでいました。

ご本人いわく、「そのほうがかがんだり、座ったりするときに引っ張られる嫌な感じがしない」とのこと。**服の上からのラインは段差がなくてスッキリ、たしかにスタイルアップして見えた**のです。

これが年齢を重ねてからのインナー活用だと思います。

こんなふうにインナーを最大限に活用するには、試着のときに次のことを気にとめて、サイズを選んでください。

ボディスーツ選びのポイント

- **毎日着けられるような、圧迫感をおぼえないサイズ**
  ↓きついと思ったら無理せずワンサイズ大きいものを試着する
- **自分で着脱が簡単にできるサイズ**
  ↓店員にフィッティングしてもらっても、自分でできないと意味がない
- **動いてもインナーがずれないサイズ**
  ↓腕をまわしたり足踏みをしたりして、ブラジャー部については、ストラップが落ちないか、アンダーがずれないか、ガードル部などについては足口が安定してい

るか（足を動かしてもお尻の肉がはみ出さないか）などを確かめる

ボディラインをつくってくれる優秀な冬の肌着

ここまでお話ししたのはファンデーションのことですが、肌着でもボディラインはつくることができます。いまはデザインも豊富で選ぶのも楽しい、ファッションアイテムにまで進化した冬の肌着がいろいろあります。

女性にとって冷えは大敵です。カッコよく冷え対策ができるのですから、ぜひ着用しましょう。素材にちょっと気をつけると、より快適なものが選べると思います。

モコモコより体にフィットする素材を

冬の肌着は厚ぼったくてモコモコしているほうがあたたかいと思っていませんか。

たしかに生地が厚いほうが、体温であたためられた空気をたくさん溜めこめるので、生地そのものに保温効果はあると思います。

でも、素材や生地の編み方が進化したいまは、「薄くて」「軽くて」「あたたかい」インナーがたくさんあります。動いたときに体とインナーのあいだのあたたかい空気が袖口や襟《えり》もとから出ていかないように、体に適度にフィットする生地でできています。

たとえば、次のようなものがあります。

【伸縮性のある素材を使っているインナー】

代表的なのはポリウレタンというストレッチ系の生地に使われる素材です。タグを見て表示があったら、ちょっと引っ張ってみてください。生地にパワーを感じると思います。着用すると体にぴったりフィットするのでとてもあたたかいのです。

でも、50代以上の方にとっては、そのぴったり具合が窮屈に感じられる方がいるかもしれません。とくに**肩こりに悩んでいる方は注意**しましょう。

【生地の編み方で伸縮性を持たせているインナー】

編み物をしている方はイメージできるでしょう。生地は編み方によって伸縮性を出すことができます。たとえばゴム編みなどがそうですね。

こうした工夫で、生地に伸縮性を出して体にフィットさせている肌着があります。窮屈感があるほどのパワーではないので、体調がすぐれないときでもラクに着用できるでしょう。

また、綿などの天然繊維１００％でつくられているものも多いので、肌が敏感な方にもおすすめです。

【素材に工夫をこらした「機能性インナー」】

遠赤外線を利用したり、汗を熱に変える工夫をしたりと、最近は素材の開発が目覚ましく、おしゃれであたたかい肌着がたくさんあります。

ただ、自身の体温だけで体をあたためるものではないので、違和感をおぼえる方もいるかもしれません。

とくに運動するときなどは、熱くなりすぎることもあるので、ＴＰＯに合わせて上手に活用したいものです。

これらの違いは、タグを見たり、実際の肌着をちょっと引っ張ったりするとわかるので、購入するときに注意して見てみましょう。

薄くて体にフィットする肌着は、服を着たときにも、スタイルを崩すことなくスッキリして見えます。

ただ、インナーは洗濯の頻度《ひんど》も多いので、アウターに比べて劣化《れっか》が早いのです。次のシーズンでは同じようなあたたかさやフィット感がないかもしれません。スッキリとあたたかく過ごすなら、早めに買い替えるようにしましょう。

あたたかくておしゃれなボディブリファー

肌着でいちばんラインが気になるのは、ウエスト部分ではないでしょうか。

とくに冬はアウターも厚手のものが多くなるし、トップやボトムの生地が重なるウエストは、どうしてももたついてしまいます。せめて、肌着くらいはスッキリしたいですよね。

そこでおすすめしたいのがボディブリファーです。ボディスーツと同じ形をしていますが、ふつうの肌着にクロッチ（股部《また》）がついたものです。肌着と同じように、吸汗性や保温性がある生地でできていて、クロッチがあるためずり上がったりしません。

肌着ですから通常はブラジャーやショーツの上に着ますが、ショーツつきやカップつきなどのタイプもあります。

ヒップまで覆ってくれるので、動いてもウエスト部分がもたつかないし、なにより腰まわりがあたたかい！　あたたかい空気が裾《すそ》から逃げることもないので、**薄い生地でも保温性は抜群**です。

クロッチのホックで着脱するものが多いのですが、慣れると意外に簡単です。デザインもおしゃれなものが多いので、着ることが楽しい肌着ですね。

ボディブリファーにはさらにうれしい効果があります。体にフィットするように、ある程度パワーがある素材のものが多く、ボディスーツのような**体型をなめらかにする効果がちょっとだけある**のです。

ボディスーツのような補整効果というほどのものではありませんが、ウエストラインをスッキリさせたい、ブラジャー、ガードルのラインを目立たせたくないなどのときは効果があります。手軽に着用できるので、ぜひ試してみてください。

ボディブリファー（参考商品）

ランジェリーは心に着けるアクセサリー

女性の心を満たしてくれるランジェリー

体型を補整するファンデーションと健康を守るアンダーウエア。両方ともとても大切なインナーですが、50代からの女性にぜひおすすめしたいのは「ランジェリー」です。ランジェリーは女性の心を豊かにしてくれます。

ランジェリーという言葉には、インナーよりもおしゃれなイメージがありますね。そのイメージどおり、ランジェリーは大まかにいえば、装飾性が高く、すべりがよい素材でできています。また、体型補整や健康改善といった実用的な働きより、おしゃれをすることに重点が置かれています。

代表的なものは海外のインポートランジェリーなどでしょうか。スリップ、キャミソール、フレンチパンツ（ショーツの上からはいて、ショーツの透けを防ぐ、ショートパンツ型のインナー）、ペチコート（スカート型のインナーで、股が分かれているキュロットペチコートもある)、ボディ(ボディブリファーやボディスーツのようにクロッチをホックでとめる形のおしゃれなインナー)などですね。

これらのランジェリーのコーディネート商品として、デザイン性の高いブラジャーやショーツも含めてランジェリーと呼ばれている場合があります。

オーバドゥ「ラパリシエン」モールドパデッドブラ+ボクサーショーツ

デザイン優先のおしゃれなランジェリーは、毎日、生活するうえでは絶対に必要なものではありません。では、どんな役割があるのでしょうか。

わたしは「女性の心を満たしてくれる」ことがランジェリーのいちばんの役割だと思います。

オーバドゥ「ラパリシエン」
モールドパデッドブラ+ボクサーショーツ

ブラジャーやショーツは生活に必要だから買います。「いま使っているものが古くなってきたから買わなくちゃ」という具合でしょうか。でも、ランジェリーは「レースが素敵で気に入った」といった理由で買うのです。着用している姿をこっそり鏡に映してみたい……という気分です。

50代からの女性が、女性らしく若々しくいるためには、必要なものではないでしょうか。

身に着けるのは毎日でなくていいのです。でも、おしゃれするときは洋服の下にランジェリーを着ましょう。だれに見せるわけでもありませんが、「着ている」だけで心が元気になり、女性らしくなり、自信がもてたり、リラックスできるのです。

ランジェリーは心につけるアクセサリー。お気に入りのランジェリーは心を満足させてくれます。

年齢を重ねた美しさを引き出すもの

「若いときは、何を着てもきれい」

年配の女性がよく口にする言葉ですね。20代のころはこういわれても実感がないものですが、わたしもいまはそう思います。これが年齢を重ねるということかもしれません。

ただ、「何を着ても」といっても「着るものすべて」という意味ではないと思うのです。洗いざらしのTシャツにジーンズといったストリートファッションは、やはり若いころにしか似合いません。

その一方で、年齢を重ねないと着こなせないものもあるように思います。たとえば、高校生がルイ・ヴィトンのバッグを持つのは無理をしている感じがして、上品ではありません。**上質なものほど年齢を重ねなければむずかしい**のではないでしょうか。

高級ブランドのインポートランジェリーもそうです。ブランドによっては20〜30代の女性よりも、50代の女性のほうが似合うものもあるのです。「本当に？」という声が聞こえてきそうですね。

以前、インポートランジェリーを30代の方と50代の方に同時に試着していただいたことがあります。ブラジャー、ショーツ、スリップ、キャミソールのラインナップで、トータルコーディネートできるブランドでした。

わたしは初め、30代の方のほうがお肌もハリがあるのできれいになるはず、と思っていました。たしかにきれいなのですが「なんとなく無理をしている感じ」があるのです。先ほどのルイ・ヴィトンのバッグの感覚でしょうか。ひと言でいえば、似合わないのです。

それにくらべて、**50代の方は自然に着こなすことができていました**。

お肌にハリはなくなっています。シワもあります。けれど、**ランジェリーのやわらかく**

オーバドゥ「リトップドゥオードゥ」ロングスリーブトップ

光沢《こうたく》のある生地や繊細なレースが、その方の内面からにじみ出る美しさと釣り合っていました。

❦オーバドゥ「リトップドゥオードゥ」ロングスリーブトップ

その方がランジェリーを着た自分を鏡に映して、うっとりしている様子を見ていると、わたしもうれしくなりました。その表情はじつに女性らしく、若々しくなっていました。

これがランジェリーを着る効果だと思うのです。自分が女性であることを楽しみ、自信をもつことができます。

ランジェリーはまさしく、女性の心を若々しくしてくれるものです。結果としてそれが表情や雰囲気にあらわれるのです。

さりげなく実用的な機能もうれしい

ランジェリーには心のおしゃれだけでなく、実用的な機能もあります。

ブラジャーやガードルなどの透け防止や、1枚重なることによってボディラインそのものをさらになめらかにしてくれます。素材にすべりがあり、服のシルエットがきれいになります。ワンピースなどのときには効果的です。

また、長めのスカートのときはまとわりつきを防ぐので動きやすく、足さばきもよいのですね。夏のロングワンピースなどのときのためにペチコートを1枚持っておくと、重宝《ちょうほう》しますよ。

素材は薄いものが多いので保温効果はなさそうですが、寒いときに役立つものもあります。フレンチパンツやキュロット型のペチコートです。

寒くてスカートをはきたくないけど、はかなければならないときがありますよね。真冬のお葬式や肌寒い卒業式、入学式などの冠婚葬祭《かんこんそうさい》です。

そんなときには、スカートの中に1枚はいてみてください。薄い生地1枚が足もとからの冷たい風を防いでくれるので、思いのほかあたたかいのです。

ふとした瞬間に立ち上る「品」と「色気」

そして、それ以上に50代以上の女性にランジェリーをおすすめする理由は、女性としての「品」を守ってくれるものだからです。

インナーはアウターの中に着けるからインナーなのです。

最近は「見せるインナー」という言葉をよく聞きます。たとえば、ジャケットや襟《えり》開きの大きいカットソーの中に着るキャミソールなどです。

でも、これはインナーのような「アウター」です。この解釈を間違うと品のないファッションになってしまいます。

ランジェリーは「見せるインナー」ではありません。でも、「見られるかもしれないインナー」です。同じようでいて、この差は大きいのです。

たとえば、ロングガードルをはいて、ちょっとスカートの裾《すそ》がめくれてしまったとき、ガードルの裾が見えたら……。また、お辞儀をしたとき、胸もとからブラジャーが見えてしまったら……。いくらスタイルがよくても興ざめしますよね。

でも、見えるのがレースのランジェリーなら、大人の「色気」と「品」を感じます。

オーバドゥ「クレピュスキュルサテン」テディ

年齢を重ねても女性でありつづけるためのインナー。それがランジェリーではないでしょうか。

大人の女性の体と心に寄り添うインナー

着心地も価格もデザインも満足したい！

最近、お気に入りのインナーに出会えていますか？　以前はデザインだけで選んでも、それなりに満足して（ガマンできて？）着用できていたのに、だんだん選ぶのがむずかしくなってきたと感じている方も多いのではないでしょうか。

40代半ばからは更年期の不調を感じる方が増えます。体が敏感になり、少しの窮《きゅう》屈《くつ》感

オーバドゥ「クレピュスキュルサテン」テディ

や肌ざわりが気になるようになってきます。

でも、まだまだおしゃれなインナーを着たい。そう思ってスーパーに行くと、着心地がよさそうなものは、どう見てもおしゃれじゃない。

「ちゃんとしたブラジャーがいいのかしら？」とデパートへ行くと、着心地がいいかどうかはわからないけれど、価格が高すぎて手が出ない！　ブラジャーひとつにこんなにお金はかけられない。

「なんとかならないの？　わたしが満足するインナーはないの？」

――最近は、そんなお悩みを抱えている女性が多いことに気づいたメーカーから、40代半ばからの女性の体と心を考えたインナーが発売されています。

テレビCMや、店頭でPRされているのは、30代くらいの女性がメインターゲットのデザイン重視のインナーばかりなので、あまり知られていないのです。とてももったいないことですよね。

では、そんなおすすめインナーをまとめてご紹介しましょう。

グンゼ「キレイラボ」

グンゼは、女性の体調が変わる40代後半〜60歳の女性について、さまざまな調査をおこないました。下着メーカーの調査は、サイズや体型についてのものが多いのですが、グンゼは「体調」にスポットを当てました。

グンゼはこの時期を「オトナ思春期」と名づけ、この年代特有の体の変化に対応できるインナーをつくっています。それが「キレイラボ」。この時期の女性が快適に生活できるように開発されたブランドです。

完全無縫製インナーや肌側綿１００％ガードル、やわらか樹脂ワイヤーのブラジャーなど、ここまでにも商品をいくつかご紹介しました。ほかにも、この時期の女性の体と心のお悩みを解決してくれる肌にやさしいインナーがいろいろあります。

グンゼ「キレイラボ」軽くて、すっきりノンワイヤーブラジャー

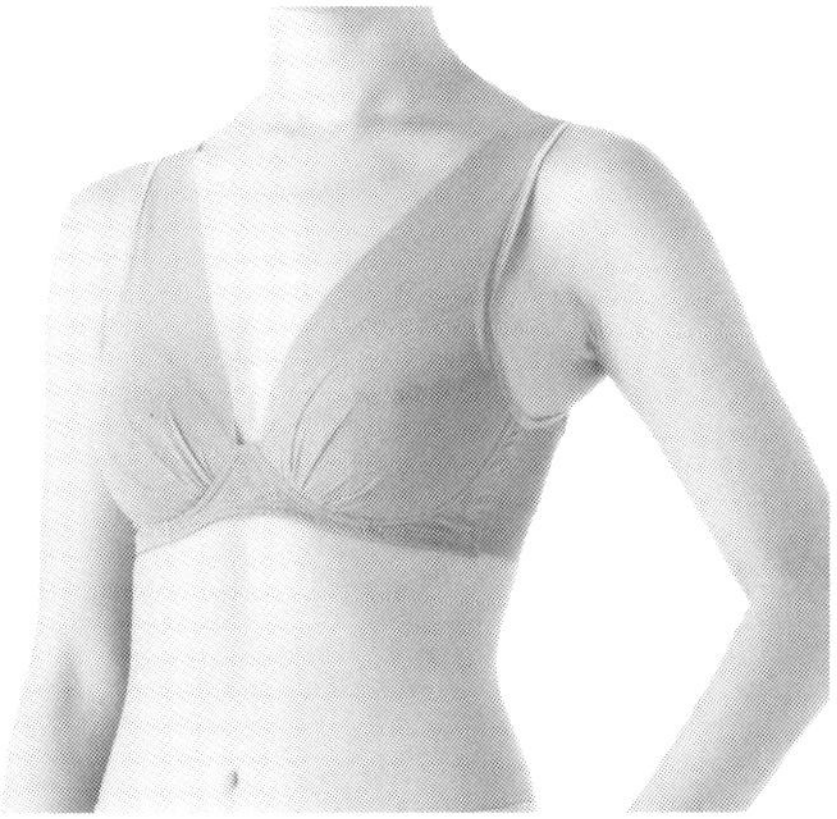

グンゼ「キレイラボ」軽くて、すっきりノンワイヤーブラジャー

「サードウェーブ・ブラ」（トリンプ、ワコール、グンゼ）

日本の代表的なインナーメーカーから、「サードウェーブ・ブラ」と呼ばれるブラジャーが発売されています。

ブラジャーは長いあいだ、ワイヤータイプとノンワイヤータイプの2つでしたが、そのどちらでもない、「3つめのブラジャー」が登場したのです。

ワイヤーでバストを支えるのではなく、カップ下やアンダー部分にバストを支える工夫がされています。ワイヤーの代わりに、「面」でバストを支えるシート状のものが入っていたりします。

肌あたりはソフトで、ノンワイヤーのような不安感もなく、それでいてバストラインをきれいにしてくれます。

まさしく、**ワイヤーブラとノンワイヤーブラのいいとこどりのブラジャー**です。2015年から発売され、その翌年には複数のメーカーが独自商品を発表しました。

わたしも着用していますが、**とにかく簡単にラクに「盛れる」**ことが気に入っています。

やわらかいバストをボリュームアップして見せるのはじつはむずかしく、これまではワイヤーブラに厚いパッドを入れ、圧迫感をガマンしなければなりませんでした。でも、サードウェーブ・ブラはそんな苦労をしなくても、ボリュームアップして見えるのです。

もともとは30代くらいの女性向けに考えられたもののようですが、50代からの女性にとっても心強い味方です。

トリンプ「ワンダーメイク421」ブラジャー

トリンプ「ワンダーメイク421」ブラジャー

ワコール「スハダ」3/4カップブラ

グンゼ「トゥシェ」ノンワイヤーブラジャー（フューチャーブラ）

❦ワコール「スハダ」3／4カッププブラ
❦グンゼ「トゥシェ」ノンワイヤーブラジャー（フューチャーブラ）

トリンプ「スロギー」ショーツ

ハーフトップがいまや人気のスロギーですが、じつはかなり歴史のあるブランドです。

わたしが昔から好きな定番ものを含めて、いまでは大まかに分けて6種類のショーツがあります。

はきこみが深く、おなかをすっぽり包む綿100％のもの、肌あたりのソフトな素材を使ったもの、完全無縫製・縫い目ゼロのシームレスなど、それぞれパターンや素材が違い、自分の好みで選ぶことができます。

なによりフィット感が気持ちよく、デザインがシンプルなのでとてもはきやすいのです。リピーターが多いのもうなずけます。

トリンプ「スロギー」ジャストウエスト
B.V.D.「しっかりサポート」スポーツブラ

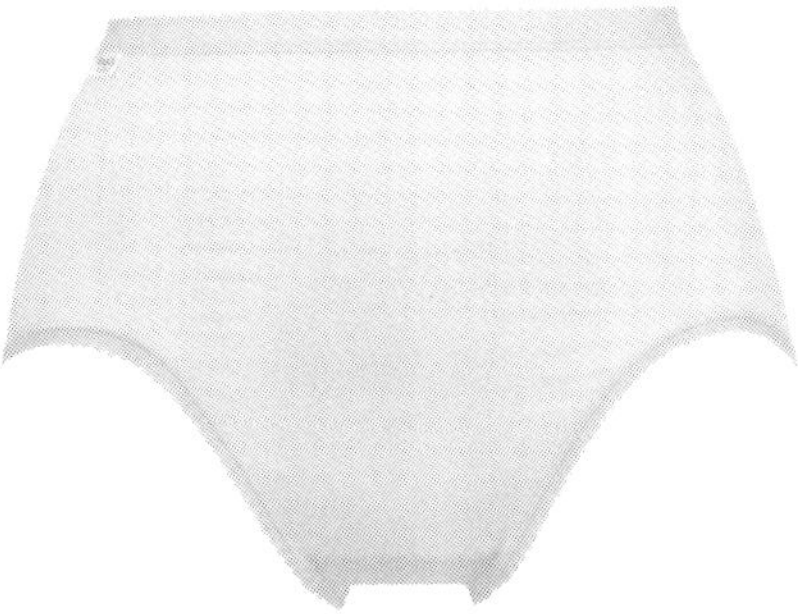
トリンプ「スロギー」ジャストウエスト

体調が気になりだすと、健康のためにスポーツをはじめる女性が増えます。まさしくわたしもそのひとりで、時間があればフィットネスに通っています。

そのとき、どんなブラジャーを着けていますか？　バストの揺れが気になりながらも、ふだん使いのブラジャーを着けていませんか？

じつは「揺れ」もバストダウンの原因になります。

年齢を重ねたバストは脂肪《しぼう》でできています。脂肪はやわらかく、重く、下がるものです。皮膚《ひふ》にもハリがなくなり、簡単に伸びてしまいます。

B.V.D.「しっかりサポート」ハーフトップブラ

そんなバストに、揺れはきついですよね。バストラインをきれいなままで保つためには、バストの「揺れを抑える」スポーツ専用ブラを着けましょう。

B.V.D.「しっかりサポート」ハーフトップブラ

ユニクロ「ブラトップ」スーピマコットン

最近、ブラジャーではなく、パッドつきインナーを着用している女性が増えています。たしかに1枚でブラジャーと肌着の役目をしてくれるので、洗濯物も少なくてすみ、アンダーがずれたり、ストラップが落ちたりといったこともなく、着用感もラクです。

でも、選び方を間違うと、バストラインがきれいにならず、老けて見え、姿勢もよくない状態になるので注意が必要です。

着用する場合には、この商品のように、アンダーベルトが体のまわりをきちんと一周し、バストを支えてくれる機能があるものを選びましょう。ワイヤーブラジャーのような補整力はありませんが、バストラインは比較的きれいに保てます。

出はじめのころは、アンダーがしっかりしたものが少なく、やっぱりブラジャーをしなければ形はきれいにならないと感じたのですが、年々技術が進歩し、きれいなラインのものが増えてきました。

でも、ブラジャーのラインのほうがもちろんきれいなので、あらたまった席などではちゃんとしたブラジャーを着けましょう。

ユニクロ「ブラトップ」スーピマコットンブラタンクトップ

ユニクロ「ブラトップ」スーピマコットンブラタンクトップ

ワコール「デイト」ブラジャー

ノンワイヤーでありながら、おしゃれなデザインを実現したブラジャーです。特徴は

ワコール「デイト」ノンワイヤーブラ（ととのえるタイプ）

「ハンモックシート」。いままではバストを支えるためには「ワイヤー」が常識でしたが、このブラジャーはカップの内側にハンモックのようなものをつけて、乳房を持ち上げるという構造になっているのです！

ワイヤーがあたる圧迫感がないのにバストを持ち上げてくれる感覚が、なんとも不思議で、とにかくラクです。バストを支えて「ととのえる」タイプと、サイドからアンダーまでバスト全体を「つつみこむ」タイプの2つがあります。

「デイト」というブランド名からもわかるように、ふだん使いで毎日着けたいブラジャーですね。また、パートナーと「デイト」でも着用できるくらい、おしゃれなデザインです。

ワコール「デイト」ノンワイヤーブラ

ワコール「ラゼ」ボディシェイパー

肌ざわりのよい、さらさらしたメッシュ素材を使っているため、季節を問わず着られそうなボディシェイパーです。

本体とウエスト、わきの部分のパーツを切り替えているので、お腹やウエストを引き締めて、なめらかなラインにしてくれます。

ほどよいパワーの生地によって、フィット感もきつすぎず、ゆるすぎず、**ちょうどいい着け心地**なのがうれしいですね。背中もすっと伸びるサポート力です。

ブラジャーの上から着けるタイプですが、胸もとをふんわり覆うフロントと、Vカットのバックスタイルがとてもきれい。Tシャツや薄手のアウターを着るときなどに重宝するので、おすすめです。

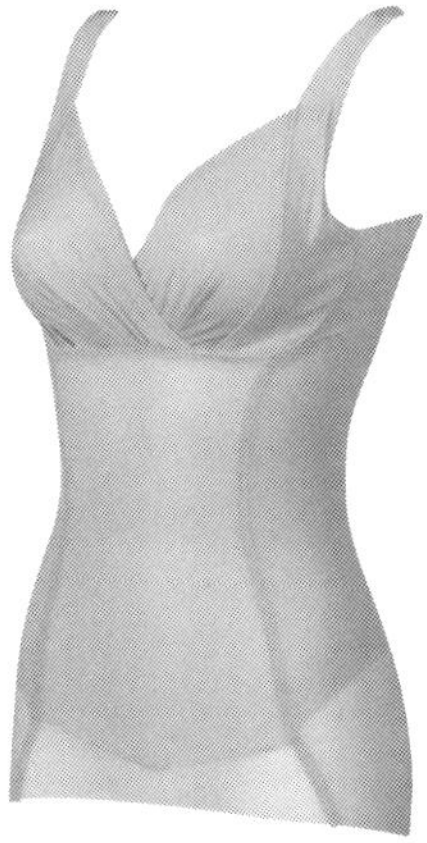

ワコール「ラゼ」スキニーベール（ボディシェイパー）

ワコール「ラゼ」スキニーベール（ボディシェイパー）

ひそやかな魅力を楽しむ

50代からの女性のためのインナーは、よいものがどんどん出てきています。あまり宣伝を見かけないので、気づきにくかったかもしれませんが、ここにあげたブランドあたりから、いろいろな商品を実際に見たり、試着したりしてみると、「あら！」と声をあげたくなるような発見がたくさんあると思います。

考えてみれば、インナーは大人の女性としての魅力を演出する最強のアイテムではないでしょうか。外からは見えないところにこだわるのも、この世代ならではのひそやかな楽しみというところかもしれません。

颯爽《さっそう》とした姿の秘密が自分に合ったインナーというのは、とても素敵なことですね。

写真資料協力

栄進物産
オーバドゥ
カタログハウス
グンゼ
トリンプ
富士紡ホールディングス
北陸エステアール
ワコール

著者略歴

インナーウエアコンサルタント。一九六二年、宮城県に生まれる。東北学院大学文学部史学科卒業後、一九八八年、大手下着メーカーに入社。インナーウエアのインストラクターとして、二〇〜七〇代の女性一〇〇〇〇人以上にフィッティング（試着・調整）をおこない、「ゴッドハンド」と呼ばれるまでに技術を磨く。退職後、二〇〇七年に株式会社レイクレットを設立。新聞・雑誌を中心にインナーウエア企画・販売へのアドバイスのかたわら、NHKテレビ「あさイチ」やラジオ、テレビショッピング番組にも出演するなど活躍中。

年齢とともに変化する女性の体型を、正しいインナーの選び方・着用法で「美しく・健康に・若々しく」サポートし、ラクに健康的におしゃれを楽しめるインナー活用術を提案し、多くの女性の支持を集めている。著書には『40代からの健康になる下着活用術』（旬報社）がある。

10歳《さい》若《わか》返《がえ》るインナーの魔法《まほう》！

二〇一七年五月一五日　第一刷発行

著者　おぬまともこ

発行者　古屋信吾

発行所　株式会社さくら舎　http://www.sakurasha.com

東京都千代田区富士見一-二-一一　〒一〇二-〇〇七一

電話　営業　〇三-五二一一-六五三三　FAX　〇三-五二一一-六四八一

編集　〇三-五二一一-六四八〇　振替　〇〇一九〇-八-四〇二〇六〇

装丁　アルビレオ

本文組版　朝日メディアインターナショナル株式会社

印刷・製本　中央精版印刷株式会社

ISBN978-4-86581-098-1

まめねこ〜まめねこ7 発売中!!

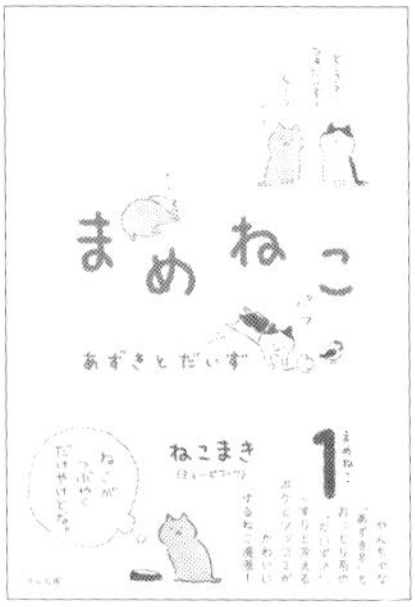

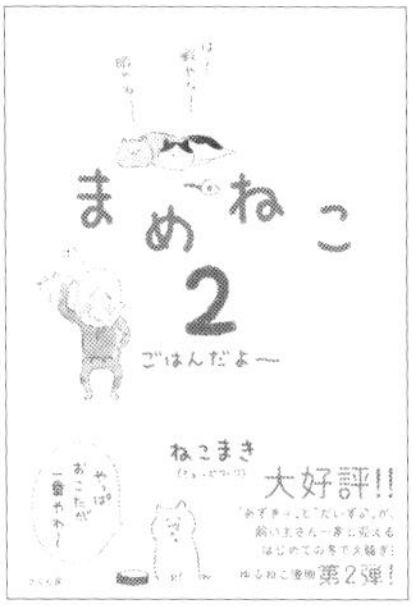

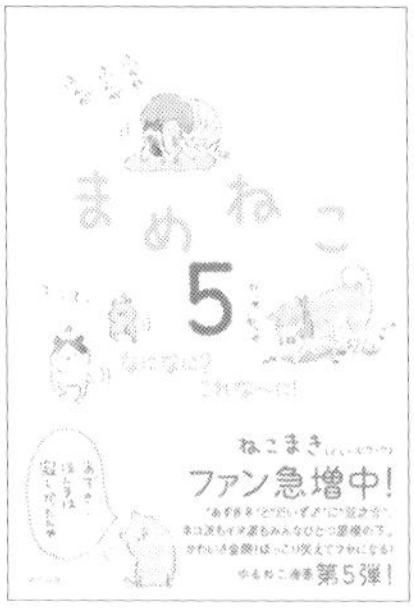

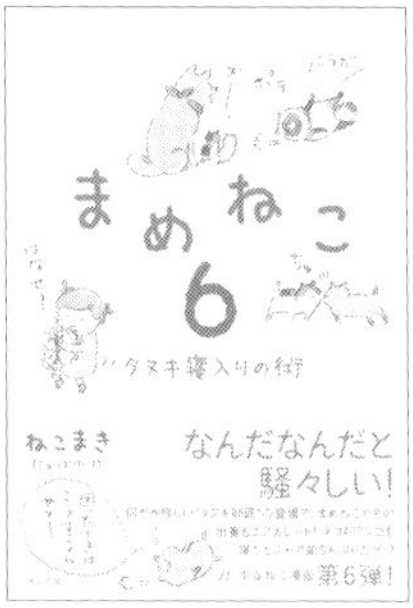

ひとさや、ふたさや、
ねこもやること
いろいろあんねんな〜。

各1000円（+税）

定価は変更することがあります。